논어의 혼 2

오랜 잠에서 깨어날 것인가

논어의 혼 2

오랜 잠에서 깨어날 것인가

국학자료원

이 책을 삼가
청악 한영선 선생님께 바칩니다.

서문

　이 책은 논어의 어구 풀이 대신 그 정신을 천착하여 경전의 참뜻을 밝히려는 생각에서 시도되었습니다. 붓다나 노자 공자가 히말라야의 눈 덮인 봉우리들이라면 너나없이 우리 모든 해설자들은 어두운 골짜기와 같을 듯합니다. 그들이 말하는 것이 우리에게 도달한다 해도, 그것은 그저 골짜기의 메아리 정도일 것입니다. 스스로 깨닫지 못하면 스승은 언제나 역설적인 존재로 남습니다.

　비유컨대, 우리가 경전을 푸는 것은 입신의 경지에 든 9단 기사의 기보를 5, 6급 수준의 동호인이 해설하는 것과 같습니다. 9단 기사의 기보는 다른 9단 기사만이 제대로 읽을 수 있을 것입니다. 이처럼 경전을 해설하는 일 또한 한 성인의 말씀을 다른 성인이 푸는 것이 최선이 아닐까 합니다. 그러나 성인들은 모두 자신의 각성 상태에 침잠할 뿐 다른 이에게는 별관심이 없습니다.

　다만 라즈니쉬가 수많은 동서 경전들을 해설하였으니, 그간 전통적인 경전 독법에 식상해온 이들에게는 일대 서광이 아닐 수 없습니다. 그의 강의는 경전 자체에 못지않은 진리의 메시지이기 때문입니다. 하지만 그는 붓다 노자 예수 등 거의 모든 성인을 망라하면서도 유독 공자의 말씀에 대해서는 단 한 구절도 언급하지 않았습니다.

그러나 우리에게 공자는 가장 중요한 스승 중의 한 사람이며, 더욱이 논어에 대한 관심은 이미 허다한 해설서들이 범람하고, 지난해만도 무려 30여종이 새로 간행되었을 정도로 여전히 뜨겁습니다. 우리는 삶의 궁극적인 물음을 추구하는 이 목마름을 풀어줄 만한 혁신적인 길잡이가 필요함을 절감합니다.

그 한 작은 시도로 라즈니쉬를 대신하는 심정에서, 진리의 백과사전을 방불케 하는 그의 강의록을 활용하여 이 전술傳述을 도모하게 되었습니다. 이렇게 깨달은이의 말씀으로 말씀을 새기는 이경치경以經治經의 방법으로써 감히 공자의 본의를 읽을 수 있기를 염원합니다.

여기서 우리의 입장은 방대한 자료를 섭렵하여 관련된 내용들을 탐색하고 재구성하여 충실하게 기록하는 필자筆者 정도입니다. 이는 시공 저 너머로부터 들려오는 낮은 소리를 겸허히 받아 적는 이른바 술이부작述而不作의 정신과 일맥상통하지 않을까 생각해 봅니다.

우리는 정중하게, 우리가 양식으로 삼은 책들을 간행한 출판사와 그 역자들에게 사의를 표하며, 이 시대 최고의 스승인 라즈니쉬에게는 더 없이 큰 경의를 바칩니다. 이들의 빛나는 업적이 없었던들 이 작업은 생심도 못하였을 것입니다.

다만, 일일이 출전을 밝히는 번거로움을 줄이고, 자료를 양해 없이 인용하는 등 관행에서 벗어난 점은 이 작업의 특성상 부득이하였음을, 다음 라즈니쉬의 말씀으로 미루어 이해해 주시기 바랍니다.

'사람들은 내가 한 말들을 가져다 쓰면서 나의 이름은
언급하지 않는다. 거기에는 어떤 해도 없다. 나의 이름이
중요한 것이 아니라 중요한 것은 내가 한 말이며, 나의 메
시지다. 만약 누군가 어떤 구절을 가져다 썼다면, 그 구절
은 그 책 전부보다 더 중요하다는 것이 증명될 것이다. 그
리고 나는 더욱더 많은 작가와 시인들이 그들이 할 수 있
는 한 많이 도용해 갔으면 좋겠다. 진리는 나의 재산이 아
니기 때문이다.'

이 책의 또 한 가지 중요한 특징은, 논어를 처음부터 마지막까지
하나도 빼지 않고 전부 해설하는 기계적인 방식을 지양하고, 현대인
들이 진리와 진실한 삶을 이해하는 데 도움이 될 만한 구절들만 발췌
하여 가급적 깊이 다루는 입장을 취한 점입니다. 이는 논어의 체제에
얽매이지 않고 논어를 이용하여 독자들의 정진에 도움이 되게 하는
데 무게를 두었기 때문입니다.

사실 논어의 방대한 내용은 공자 당시의 사람들을 위한 것이었습
니다. 그래서 현대에는 맞지 않거나 불요불급한 대목도 허다하므로
이를 모두 다루는 것은 결코 바쁜 현대인들의 입장을 배려한 것이라
할 수 없습니다. 그러나 그 핵심적인 구절들로 말하면, 이는 참으로
시대를 초월해 영원한 인류의 지혜에 해당한다고 할 만합니다. 그래
서 논어의 가치는 영원히 변치 않는 보석처럼 빛나는 것이지요.

이제 우리는 논어를 진부한 고서에서 현대 고전의 반열에 올려놓
으려 합니다. 헌 포도주 병에 새 포도주를 담는 것에 비유할 수 있을

지, 병은 낡았으나 포도주는 새 것입니다. 필자들로서는 오랜 각고 끝의 첫 결실이지만 더 갈고 다듬을 데가 적지 않을 것이므로, 강호 제현의 질정을 받아 계속 기워나가려 합니다.

2022년 4월 20일

김상대 · 성낙희

개정판 서문

2008년 제1권을 시작으로 연년이 1권씩 2012년까지 논어의 혼 전5권을 완간하고, 되짚어 읽고 읽으며 소소한 오류들을 바로잡고 미흡한 부분들을 보강하여 그 수정본을 펴냅니다.

그간 이 책은 혁신적인 방법으로 경서 해설의 신기원을 이루고 논어의 진가를 극대화하였다는 평가를 받아왔습니다. 이 책은 지식을 축적하는 학습서가 아니라 천천히 음미하며 그 정신에 침잠하는 지혜의 책입니다.

지혜에 이르자면 지성을 일깨워야 합니다. 위대한 말씀들은 지식을 도구로 삼지 않습니다. 지식보다는 지성과 지혜가 요구됩니다. 논어는 인간을 지식의 노예가 되게 하는 것이 아니라 인간 본연의 지성으로 사람이 사람답고 삶이 삶답게 하는 데 길잡이가 되는 등불 같은 책입니다. 한 번 서둘러 읽고 덮어 두는 것이 아니고 책상머리에 두고 되풀이되풀이 그 의미를 숙고하고 묵상하는 책입니다.

이 시대에도 논어를 읽을 필요가 있는가? 이것은 우문입니다. 이 시대에도 읽을 만한 가치가 있는 논어는 어디 없는가? 이것이 현명한 질문입니다. 그 핵심 구절들은 시대를 초월하여 영원한 지혜의 근원이기 때문입니다.

이 책은 업그레이드된 논어 해설서일 뿐만 아니라 논어 자체를 업데이트한 점에서 원문 해석 위주의 허다한 기존의 논어 해설서들과는 근본적으로 그 지향이 다릅니다. 삶은 하나의 흐름이고 모든 것은 끊임없이 변합니다, 지혜도 진화하고 성장합니다. 사서 중 으뜸 고전인 논어가 진정한 현대의 고전으로 진화할 때 원본의 가치를 뛰어 넘어 더욱 빛나는 유산이 될 것입니다,

세상은 물질적으로 부유해지는 데 성공했습니다. 그러나 이것은 진화가 아닙니다. 사람들은 더욱 나빠졌습니다. 인간은 심히 탐욕스러워지고 물질적으로 되었습니다. 그리고 이제는 너무나 지치고 피곤해하고 있습니다. 그 여정은 인간의 모든 영혼을 앗아가 버렸습니다. 이제 우리는 더 늦기 전에 본심을 찾아서 각성하고 영혼의 갈증을 느껴야 할 것입니다.

개정판 제작에 최선을 다한 국학자료원과 우정민 과장의 노고에 감사하며, 정찬용 원장과의 오랜 세월 귀한 인연을 새삼 상기합니다,

2022년 9월 2일

성낙희 · 김상대

차례

일러두기

　이 책은 하나의 교양서적으로보다 현대의 구도적인 삶에 이바지하는 조그만 안내서가 되기를 희망합니다. 그런 면에서 이 책은 단지 많은 사람에게 건성건성 읽히기보다 소수라도 다섯 번 열 번 읽으며 철저히 이해하고 인생의 좋은 반려로 활용하였으면 좋겠습니다.

　도를 닦는 것, 즉 삶의 바른 길을 추구하는 것은 진정한 의미에서 종교와 같습니다. 여기서 종교란 많은 사람들이 안식처를 찾아 형식적으로 따르는 세속적인 종교를 뜻하는 것이 아니며, 각자가 자신의 도에 이를 수 있는 길에 대해서 진지한 관심을 갖는 것을 의미합니다.

　우리는 독서를 에고의 양식으로 이용하기 일쑤입니다. 그러면 우리는 독서를 통해 지식에 갇혀 버릴 수 있습니다. 지식은 지혜가 아닙니다. 지혜는 지식과 아무 상관도 없습니다. 이 책을 통해 지식의 양을 증대시키려 한다면 이는 방향을 잘못 잡은 것입니다. 우리는 독서를 다른 길로 이용할 수 있습니다. 이때 독서는 삶의 다른 것들만큼이나 아름다운 것이 될 것입니다.

　만일 우리가 정보를 얻기 위해서가 아니라 신성한 노래에 귀 기울이기 위하여 경전을 읽는다면, 이 신성한 노래는 단어 안에 있는 것이 아니라 단어들 사이에 있으며, 행 안에 있는 것이 아니라 행간에 있습니다. 이렇게 경전을 읽을 때 신성한 노래를 감상하듯이 한다면, 이때 독서는 엄청난 아름다움을 갖습니다.

우리는 독서를 하는 가운데에도 깬 상태로 주시하고 관찰합니다. 책 속으로 몰입하는 동시에 언덕 위에서 바라보는 사람처럼 일정한 간격을 두고 떨어져 있습니다. 그럼으로써 책을 통해 유용한 정보를 얻기보다 지혜를 그리고 나아가 영감을 받기를 희망합니다.

영감을 받는다는 것은 경전과 깊은 조화를 이룬다는 것이며, 그 경전과 더불어 명상의 상태로 들어가는 것을 의미합니다. 이것은 마음을 통해서가 아니라 우리 전체를 통해 이루어집니다. 이런 식으로 이 책을 읽는다면 우리의 피, 심장, 가슴, 우리 몸 안의 세포 전체가 논어를 읽고 있는 것입니다.

그러나 단순히 정보를 수집하는 차원에서 독서를 할 때는 우리의 머리가 거기에 있을 뿐 다른 것은 없습니다. 단순히 머리로만 읽는다면 머리는 계속해서 해석만을 내립니다. 물론 그 해석은 자신의 것이지 스승의 것이 아닙니다. 이때 우리는 지식만 키울 뿐 핵심을 놓칩니다. 우리는 수많은 말들을 기억할 것이지만 정수를 깨닫지 못합니다.

경전의 정수를 깨닫기 위해서는 굳이 처음부터 끝까지 다 읽을 필요가 없습니다. 이는 체계적인 지식을 습득하는 방법일 뿐입니다. 지혜의 정수는 어느 한 구절이라도 얼마나 깊이 이해하고 얼마나 뜨거운 가슴으로 받아들이느냐가 중요한 것입니다.

위대한 선승인 혜능은 금강경의 네 구절을 듣고 깨달았다고 합니다. 그는 시장거리를 걸어가고 있었습니다. 물건을 사러 가는 중이었고 깨달음에 대해서는 생각조차 하지 않고 있었습니다. 그런데 어떤 사람이 길가에서 금강경을 외고 있었습니다. 그 사람은 살아오면서 내내 금강경을 외고 다닌 사람이었습니다. 그는 학자였거나 앵무새였음에 틀림없습니다.

그때는 저녁이었습니다. 그때 혜능이 그곳을 지나갔습니다. 그는 단지 네 구절을 들었을 뿐입니다. 그는 갑자기 벙어리가 되었습니다. 그래서 밤이 새도록 그 자리에 서 있었다고 합니다. 금강경을 외던 사람도 들어갔고 시장은 모두 문을 닫았는데 그는 여전히 그곳에 서 있었습니다. 언제까지나 그렇게 그곳에 서 있었습니다.

날이 밝았을 때 그는 완전히 다른 사람이 되어 있었습니다. 그는 집으로 가지 않았습니다. 그는 산으로 갔습니다. 세상은 이제 그와는 상관이 없는 것이 되었습니다. 혜능은 틀림없이 마음이 매우 순수했을 것입니다.

혜능의 일화를 통해서 우리는 새삼 깨닫게 됩니다. 우리가 경전을 읽고 그것에 대해서 뭔가를 하지 않는다면, 이해는 아무 쓸데없는 것이며 그것은 삶의 낭비일 뿐입니다. 그것은 우리가 진짜로 이해하지 못했다는 뜻입니다. 이해는 행동이 필요하기 때문입니다.

만약 행동으로 나타나지 않는다면 우리는 단지 피상적인 지식만 얻었을 뿐 이해한 것이 아닙니다. 그것은 하나의 정보일 뿐입니다. 이해는 행동을 의미합니다. 우리가 어떤 것을 이해하면 즉시 그것을 행동에 옮기기 시작합니다.

경전 읽기는 일종의 예술을 터득하는 것입니다. 그것은 깊은 몰입의 상태로 들어가는 것이며, 전체적으로 참여하는 것입니다. 경전을 읽을 때 소설책을 읽듯이 한다면 핵심을 놓칠 것입니다. 이는 여러 층의 깊이를 갖고 있습니다. 그러므로 날마다 되풀이해서 읽어야 합니다. 이것은 단순한 반복이 아닙니다. 되풀이해서 읽는 법을 터득하면 그것은 결코 반복적인 행위가 아닙니다.

경전을 읽을 때는 '어제'를 개입시키지 말아야 합니다. 오늘 아침에 막 피어난 꽃송이를 보듯이 신선한 기분으로 책을 대하고, 아침 해가 떠오르듯이 새로운 마음으로 읽습니다. 그러면 완전히 새로운 의미가 드러날 것입니다. 이것은 어제와 상관없습니다. 이것은 오늘의 의미, 지금 이 순간의 의미를 가져다줍니다.

그러나 어제를 끌어들이면 새로운 의미를 읽을 수 없을 것입니다. 우리의 머리는 이미 과거에 습득한 낡은 의미들로 가득 차 있습니다. 그래서 이 책을 반복해서 읽는 것이 무슨 소용인가 하고 생각합니다. 이것은 부질없는 일이고, 짜증나고 권태로운 일로 여겨집니다. 이렇게 되면 경전을 읽음으로써 새로운 에너지를 충전하는 것은 불가능해집니다.

진심으로 한 여자를 사랑할 때 그녀는 날마다 새로워 보입니다. 경전을 읽는 것도 마찬가지입니다. 그것은 연애를 하는 것과 같습니다. 날마다 새롭습니다. 어구는 똑같지만 그 똑같은 어구가 날마다 새로운 의미를 전해줍니다. 똑같은 단어들이 날마다 다른 문을 통해 우리의 존재 안으로 침투합니다. 어떤 순간에는 똑같은 단어가 새로운 의미를 가져다줍니다.

의미는 단어에 담긴 것이 아니라 우리가 어떤 식으로 읽느냐에 따라 달라집니다. 우리 자신이 경전에 의미를 부여하는 것이지, 경전에 본래부터 어떤 의미가 담겨 있어서 그것을 우리에게 고정적으로 전달해 주는 것이 아닙니다. 하루를 더 살면 우리는 그만큼 더 많은 경험을 쌓습니다. 우리는 더 이상 똑같은 사람이 아닙니다. 경전은 변함이 없지만 우리는 똑같은 사람이 아닙니다. 24시간 동안에 강에는 얼마나 많은 물이 흘러갔겠습니까?

이 책을 이렇게 읽을 때 우리는 진정으로 구도적인 삶의 길로 들어선 자신을 발견할 것이며, 이 책은 그 소임을 다하는 영광을 누리게 될 것입니다.

1

순수한 것은 불꽃만 피고
연기는 나지 않는다

子曰 詩三百 一言以蔽之 曰思無邪
자 왈 시 삼 백 일 언 이 폐 지 왈 사 무 사

공자가 말하였다. "시 삼백 편을 한 마디로 요약하면 생각에
그릇된 점이 없는 것이다."

주해

詩三百 시경에 수록된 시 삼백오 편을 대강 말한 것이다 ㅣ**蔽** 덮다, 포괄하다
ㅣ**一言以蔽之** 한 마디의 말로 그 전체의 뜻을 다 말하다 ㅣ**邪** 간사하다, 어긋
나다 ㅣ**思無邪** 생각에 그릇된 것이 없다, 이는 시경의 마지막 권인 노송魯頌
에 나타나는 경駉이란 시의 한 구절에서 따온 것이다.

공자는 주나라 이래 춘추시대에 이르는 중국 각 지방의 시 작품들 가운데서 삼백여 편을 골라 시경詩經이란 책으로 엮고, 그 정신을 한마디로 순수함 혹은 진실함이라고 하였습니다. 이는 겉으로 화려하지만 뜨겁지는 않아서 연기만 잔뜩 나고 불꽃은 일지 않는 수많은 시들에 비해, 불꽃만 곱게 피어오르고 전혀 연기는 나지 않는 맑은 상태를 일컫는 것입니다.

　사무사思無邪, 그릇된 생각이 한 점도 없다는 것은 시 전체가 진실함의 극치로 이루어져 있음을 말합니다. 시에서의 진실은 보편적 사실보다 개인적 진실을 의미합니다. 흔히 남자가 여자를 사랑할 때, "당신은 이 세상에서 가장 아름답다."고 하는데 이것은 사실이 아닙니다.

　그러나 사랑하는 순간에는 그것이 진실입니다. 이것은 일반적인 사실이 아니라 일종의 개인적인 진실입니다. 이는 세상의 모든 여인과 비교하여 그 여인이 제일 아름답다는 것이 아니라, 비교를 초월하여 오직 개인적 진실을 말하는 것입니다.

　개인적 진실은 사회적 관습이나 규칙에 무의식적으로 순종하지 않고, 자신의 내면의 빛에 따라 살아갈 것을 요구합니다. 진실한 시를 쓰기 위해서는 진정 작은 성인이 되어야 하지 않을까 싶습니다.

　부처와 예수, 장자와 노자, 이들은 모두 머리로 말하지 않고 가슴으로부터 쏟아내었습니다. 그래서 그들의 말은 우리 가슴에 와 닿습니다. 말은 그것이 나온 곳과 같은 깊이로 전달됩니다. 화살을 힘껏 뒤로 당기지 않으면 그 화살은 멀리 날아가지 못하는 것과 같지요.

　그러나 세상의 허다한 시들은 이와 대조적입니다. 그들은 많은 것을 말하고 또 말하지만 사실은 아무 것도 말하는 것이 없습니다. 말장난만 할 뿐입니다. 말은 원래 그 자체의 마력이 있어서 말이 말을 이끌고 다음 말로 넘어가고, 끝에 가서는 말하는 사람의 의도와 전혀 다른 말로 끝납니다.

그래서 깨달은 이들은 '말에 이끌리지 말라.'고 경고합니다. 진정한 시인은 이것이 무엇을 의미하는지 잘 알기 때문에, 정말로 말하고 싶은 것만을 말하기 위해 가급적 단어 하나도 아끼면서 행간을 이용합니다.

많은 내용을 한 마디로 압축한다는 것은 과장된 표현이 아닙니까? 만일 가능하다 하더라도 꼭 이렇게까지 할 필요가 있을까요? 지나치게 압축하면 오히려 본의가 왜곡되고 난해해질 수도 있을 것 같습니다.

이런 표현은 과장이라기보다 강조라 할 수 있겠지요. 이는 사물의 핵심을 얻기 위한 소중한 시도입니다. 나무의 본질을 알려면 가지 대신 줄기를 보고, 잎 대신 뿌리를 생각하는 것에 비유할 수 있습니다.

보통사람들은 표면적 형상에 얽매여 복잡한 생각의 수렁에 빠지기 쉬우나, 지혜로운 이는 보다 근원적으로 단순하게 사유합니다. 세상의 많은 문제들이 복잡하고 심각하게 얽혀 있는 듯이 보이지만 그 근원에 접근할수록 단순 명료해집니다.

우리는 단순함으로 다시 깨어나야 합니다. 지금 우리는 자연스러운 상태에서 벗어나 복잡한 문명의 틀 속으로 깊이 빠져들고 있습니다. 이른 시기로 올라갈수록 나무의 뿌리에 가까워지고 현대로 내려올수록 나무의 잎사귀에 가까워집니다. 진리는 단순합니다. 아인슈타인도 "과학은 모든 것을 더 이상 단순화시킬 수 없을 때까지 단순화해야 한다."고 말했습니다.

진리는 단순하다. 세상에는 지식을 과장하기 위해서 되도록 말을 어렵게 하고 많이 하려는 경향이 있습니다. 특히 현학적인 학자들에게서 이런 현상을 찾아볼 수 있습니다. 심한 경우는 한 문장으로 명쾌하게 할 수 있는 얘기도 장황하게 여러 페이지에 걸쳐 난해한 어휘로 가득 채웁니다. 복잡한 것이 뛰어나고 신비한 무엇이라고 믿는 우매함에 편승해서 자신도 잘 알지 못하는 아리송한 얘기를 늘어놓는 사람들이 많습니다.

정말로 현명한 사람들은 이와 정반대입니다. 그들의 문장은 짧고 어휘는 평이해서 그들이 하는 모든 얘기는 정상적인 사람이라면 누구라도 다 이해할 수 있습니다. 그들이 가르치는 모든 것은 강과 산이 단순하듯 아주 단순합니다.

현명한 사람들은 단순합니다. 하지만 그들을 이해할수록 그 단순함은 더 깊어지고, 새로운 차원의 신비가 더 크게 펼쳐짐을 느낍니다. 그들이 하는 말은 단순하지만, 전하고자 하는 바는 신비합니다. 표현은 단순하지만 그 대상은 신비합니다. 손가락으로 달을 가리키는 것을 생각해 보십시오. 신비한 것은 손가락이 아니라 달입니다. 언어는 손가락에 지나지 않습니다.

공자가 시경의 특성을 한 마디로 요약한 것이 현자들이 그 정신의 정수를 나타내는 방식이라면, 다른 현자에게서도 이런 예를 찾아볼 수 있지 않겠습니까?

그렇습니다. 예를 들면, 성경은 가장 많이 읽힌 책 가운데 하나입니다. 그러나 많은 사람들이 그 책의 복잡한 내용을 읽고 또 읽지만, 그 핵심에 도달한 이는 흔치 않습니다. 어떤 랍비가 성경 전체의 메시지를 한 마디로 말해 달라는 부탁을 받았습니다.

그러자 그는 이는 한 마디로 말해서, 신이 인간에게 '나를 왕좌에 앉히라'고 요구하는 것이라고 했습니다. 예수가 요단강에서 경험한 것도 바로 이것입니다. 예수는 사라지고 신이 왕좌에 앉혀졌습니다. 예수는 자신을 텅 비웠고 그 빈자리에 신이 들어왔습니다.

존재 방식에는 두 가지가 있습니다. 인간이 존재하든지, 아니면 신이 존재하든지, 둘 중의 하나입니다. 둘이 다 같이 존재할 수는 없습니다. 칼집 하나에 두 개의 칼이 들어갈 수 없는 것과 같은 이치이지요.

우리 자신이 존재하기를 원한다면 신을 찾는 희망을 포기해야 합니다. 그 희망은 이루어질 수 없습니다. 우리가 있다면 신이 있을 수가 없습니다. 바로 우리의 존재가 방해물이 됩니다. 우리는 사라져야 합니다. 그래야 신이 존재하게 됩니다.

인간은 전체로부터 분리되어 하나의 개체로서, 부분으로서 살아갈 수도 있습니다. 주위에 꿈과 이상과 아집, 개성을 만들면서 살아갈 수 있습니다. 그러면서 그 자신은 전체와 아무 상관도 없는 외떨어진 섬이라고 생각할 수도 있습니다.

사람과 나무 사이의 관계를 생각해 본 일이 있습니까? 사람과 드넓은 대양 사이의 관계를 생각해 보았습니까? 그런 관계를 느껴본 일이 없다면 아직 신이 무엇인지 전혀 모르는 것입니다. 신이란 전체이며 큰 울이고 합일입니다.

우리가 개별적으로 떨어진 부분으로서 존재한다면 우리는 거지처럼 불필요한 존재에 지나지 않습니다. 사람은 전체였습니다. 원래 전체로서 존재하고 있었습니다. 스스로 전체와 분리되어 있다고 생각할 때도 우리는 전혀 분리되어 있지 않습니다.

그런 생각은 머릿속의 생각에 지나지 않습니다. 그 생각은 신을 모욕하고 있는 것이 아니라 우리 자신을 모욕하고 있는 것입니다. 그 생각은 우리의 눈을 뜨지 못하게 하는 장벽일 뿐입니다.

요단강에서 요한이 예수에게 세례를 주었을 때, 예수는 완전히 죽었습니다. 예수는 사라졌습니다. 그리고 바로 그 무無의 순간에, 붓다가 공空이라고 부르는 그 찰나의 순간에, 하늘이 열리고 신의 영이 비둘기처럼 내려와 그를 비추었습니다. 이는 상징일 뿐, 마침내 예수는 죽었지요. 그리고 신이 왕좌에 앉혀졌습니다.

선禪에서는 이런 것을 경전 밖의 특별한 전수 즉 교외별전教外別傳이라고 부릅니다. 요한은 예수에게 어떤 지식을 주지 않았고, 어떤 경전도 전해주지 않았습니다. 단 한 마디도 말하지 않았습니다. 비밀을 전수하는 방법에는 말이나 글자에 의존하지 않고 단지 인간의 영혼에 직접 일침을 가하는 방법밖에 없습니다.

'일언이폐지一言以蔽之'란 깊은 뜻이 있는 말이면서 그 형식은 요즘 세대에게는 어렵게 느껴집니다. 이에 해당하는 쉬운 표현은 어떤 것들이 있을까요?

이는 양적으로, 질적으로, 그리고 종합적으로 표현할 수도 있습니다. 다음에 그 예를 차례로 하나씩 들어보지요.

양적 표현 모든 종교는 단 한 마디의 말, 오직 말 한 마디 위에 서 있습니다. 그것은 우리가 어떻게 존재하느냐 하는 것입니다. 그러나 사회에서는 우리의 행동에만 찬사를 보내고, 존재 방식에는 별 관심이 없습니다. 우리는 모두 자신을 사랑할 수 없습니다. 아내는 자신을 사랑할 수 없습니다. 남편 또한 자신을 사랑할 수 없습니다.

그런데 우리들은 둘 다 서로를 사랑하기로 되어 있지요. 그러나 이 것은 불가능합니다. 자신을 사랑할 수 없는 상태에서 어떻게 다른 누 구를 사랑합니까. 뿌리가 자리 잡히지 못하면 꽃은 필 수 없는 것과 같지요. 존재는 뿌리이며 행위는 거기서 피어나는 꽃입니다.

세상의 종교들은 꽃에 대해 말해 오고 있으며, 뿌리에 대해서는 침 묵을 지키고 있습니다. 지금 뿌리를 돌보고 가꾸는 일은 어디서나 사 라지고 있습니다. 온통 플라스틱 조화만 넘쳐납니다. 플라스틱 조화 는 영원합니다. 플라스틱 사랑은 영원할 것입니다.

진짜 꽃은 영원하지 않습니다. 그것은 순간순간 변하니까요. 오늘 막 핀 꽃은 저기 저 바람 속에서, 햇살 속에서 빗속에서 춤추고 있습 니다. 그러나 내일 그 꽃은 찾아볼 수 없을 것입니다. 그것이 나타났 을 때와 마찬가지로 그것은 신비스럽게 사라져버립니다. 진정한 사 랑은 한 송이 진짜 꽃과 같은 것입니다.

그러나 세상은 플라스틱 사랑을 가르칩니다. 그럼으로써 진짜 꽃 을 알게 될 가능성을 차단해버립니다. 진짜 꽃은 향기를 지닐 것입니 다. 플라스틱 꽃은 우리 삶에 기여할 아무것도 지니지 못했습니다. 오직 꽃처럼 보일 뿐입니다.

그것은 꽃이 아닙니다. 플라스틱 꽃은 관리하기 쉽지요. 물을 줄 필요도 없고, 뿌리를 돌볼 필요도 없습니다. 그러나 진짜 꽃은 그것 을 돌보는 이의 어떤 창조성을 필요로 합니다. 모든 진정한 가치는 무엇보다 창조성이 그 생명입니다.

질적 표현 라즈니쉬의 가르침의 정수는 두려움으로 살지 말라는 것입니다. 심판이라는 문제는 전혀 없습니다. 두려움을 갖지 말고 사십시오. 오직 그때만이 우리는 전체적으로 살게 됩니다. 두려움은 사람을 닫히게 만듭니다. 두려움은 우리가 활짝 열리는 것을 허락하지 않습니다.

단 한 가지 일을 하는 데도 고려해야 할 것들이 수도 없이 많지요. 그것이 옳은지 그른지, 도덕적인지 비도덕적인지, 교리에 맞는지 어긋나는지, 혼란스러워지면 혼란스러워질수록 그에 대한 생각이 더욱 많아집니다. 일단 사유가 죄악이라는 개념 쪽으로 움직이기 시작하면 우리는 생생하게 살지 못하고 그냥 질질 끌려가게 됩니다.

그의 접근법은 전혀 다릅니다. 실수는 있지만 죄라는 것은 전혀 없습니다. 오직 한 가지만 기억하면 됩니다. 똑같은 실수를 계속해서 되풀이하지 않는 것이지요. 그것은 어리석은 일입니다. 삶은 탐험해야 합니다. 탐험하다보면 때로는 길을 잃고 헤맬 수도 있습니다.

그런데, 살아가면서 길을 잃어버리는 것을 너무 두려워하게 되면 진정한 삶을 살 수가 없습니다. 그때 삶은 부서지고 말살되어 진정한 삶의 벌판을 탐험할 수 없지요. 우리에게는 삶에 유용한 모든 가능성을 탐험하면서 씩씩하게 걸어갈 수 있는, 모험을 할 수 있는 용기가 필요합니다.

종합적 표현 사람은 각자 제 안에 완벽한 지복을 가지고 태어났지만 절대로 자신을 들여다보지 않기 때문에 모두들 거지로 살아가고 있습니다. 우리는 지복을 찾으러 달나라까지 갈 준비가 되어 있으나, 자기 내면으로 들어갈 준비는 전혀 되어 있지 않지요.

그 단 한 가지 이유는, 실제로 한 번도 안으로 들어가 본 적이 없으면서도 '내면에 무엇이 있겠는가?' 지레짐작하고 있기 때문입니다. 우리는 우리가 우리 자신을 잘 알고 있다는 착각 속에 빠져있습니다.

"너 자신을 알라"고 말한 소크라테스는 옳습니다. 이 한 문장 속에는 모든 현자들의 지혜 전체가 응축되어 있습니다. 자기 자신을 앎으로써 모든 것이 알려지고, 모든 것이 실현되고, 모든 것이 달성되기 때문입니다.

> 시경의 시들의 특성이 한마디로 사무사思無邪라는 것은, 무릇 좋은 시는 이러해야 한다는 뜻으로 해석할 수 있을 것 같습니다. 과연 '사무사'가 무엇인지 구체적으로 음미해 보고 싶습니다.

시는 여러 문학 장르 가운데서 가장 절제된 형식입니다. 시는 항상 그 속에 있는 말 전부보다 그 이상의 것을 의미합니다. 당연히 그래야 합니다. 그렇지 않으면 빈약한 말밖에 안 될 것이며, 다른 어떤 장르보다도 뒤질 것입니다.

시는 어느 문학 양식보다도 훨씬 순수하고 진실합니다. 여기서는 구성을 짜 맞추고 주제를 설정하는 등 인위적 작업이 생략될 수 있기 때문입니다. 시는 형식을 의식하고 그 완성도를 높이려다가 도리어 자연스러움과 진실성을 훼손하게 될 수도 있습니다. 시도 문학 예술인만큼 형식을 고려하지 않을 수 없으나, 그 진실성 측면에서는 형식이 도리어 짐이 될 수도 있을 것입니다.

시에 대한 동양의 접근 방식은 근본적으로 서양의 것과 다릅니다. 동양의 전통은 무엇보다도 정신 세계를 중시하였습니다. 이런 관점에서는 이 시대 세칭 시인이라고 하는 사람들의 대부분은 기술자에 불과합니다. 그들은 언어 조립공이지 창작 예술가는 아닙니다. 시를 조립하는 일과 시를 창작하는 일은 별개의 것입니다.

한 편의 시를 조립하기 위해서는 언어와 문법과 시학만 있으면 됩니다. 이는 단지 언어 게임에 불과합니다. 그래서 시는 사람이 만들어낸 가장 아름다운 악세사리라는 말이 나올 법도 하지요. 언어를 넘어서 정신적으로 시의 본질에 접근할 때 비로소 시는 창작됩니다. 시가 언어의 유희에 그치면 비록 대단해 보일지라도 그것은 표면에 머물 뿐, 영혼이 없는 죽은 것입니다.

영혼과 시혼 인간의 내면에 영혼이 있듯이 시의 내면에는 시혼詩 魂이 있습니다. 시혼은 시인이 시 속으로 사라질 때 비로소 나타납니다. 화가가 무아지경에서 그림을 그릴 때, 그는 그 그림에 서명을 할 수 없습니다. 그림을 그린 건 자신이 아님을 알기 때문입니다. 그런 그림은 알 수 없는 어떤 힘이 그를 통해서 그린 것입니다. 이런 것이 예술가의 예술적 체험이지요.

그래서 위대한 예술가일수록 에고를 초월한 순진무구한 정신으로 창작에 임합니다. 이것은 하나의 역설입니다. 진정한 창조자는 자신이 대상을 창조하는 게 아니라 신이 자신을 통해 창조하는 것입니다. 그는 신의 도구로 쓰일 따름입니다. 진정한 예술 속에서는 예술가도 사라지고 그의 에고도 사라집니다. 그럴 때 그의 예술은 종교적으로 승화되어 욕망으로부터 자유로울 수 있습니다.

콜릿지가 4만 편의 미완성 시를 남겨 놓고 죽었을 때, 완성된 시는 불과 일곱 편밖에 되지 않았다고 합니다. 그는 진실한 사람이었습니다. 생전에 그는 왜 시를 완성하지 않고 중간에 그만두느냐는 질문을 수없이 받았습니다.

그때 그는 이렇게 대답했습니다. "나는 아무 것도 할 수 없다. 때때로 나에게는 몇 줄의 시구가 떠오른다. 그러고는 멈춘다. 그러니 내가 어떻게 그것들을 완성할 수 있겠는가? 나는 기다릴 것이다. 그 일별이 다시 내게 비춰지면 그때 나는 그것을 완성할 것이다. 하지만 나 스스로는 아무 것도 할 수 없다."

이 얼마나 진실한 말입니까. 우리들 마음의 경향이란 미완성을 견디지 못합니다. 만약 세 줄의 시가 주어지면 그때는 마음이 네 번째 줄을 덧붙입니다. 하지만 이 네 번째 줄이 처음 세 줄을 죽일 것입니다. 그것은 마음의 낮은 차원에서 나온 것이기 때문입니다. 사무사思無邪란 이런 네 번째 줄을 덧붙이지 않았을 때의 그 순진무구한 세계의 의미로 이해할 수 있을 것입니다.

글은 사람이라고 할 때, 진실한 시를 쓰기 위해서는 시인이 진실해야 할 것은 말할 것도 없을 것입니다. 순수한 시의 자산으로서의 시인의 정신은 과연 어떠해야 하는 것일까요?

열매의 질은 나무의 질로 결정됩니다. 열매에 독이 생겼을 때 우리는 열매를 탓할 수 없습니다. 마찬가지로 시가 순수하지 않을 때 시를 나무랄 수 없습니다. 시는 시인의 인품을 반영하기 때문이지요. 순수한 시가 탄생되기 위해서는 먼저 시인이 세상의 속된 삶에서 벗어나야 할 것입니다.

나무는 열매로 알 수 있으며, 어떤 선언에 의해 알 수 있는 것이 아니지 않습니까. 나무가 커다란 표지판을 내걸고 '나는 사과나무'라고 선언할 수도 있지만, 그것은 열매로 알 수 있습니다. 사과가 열리지 않으면 그 표지판은 아무 가치가 없습니다. 나무가 거짓말을 하고 있는 것이 되고 마니까요. 시인도 마찬가지입니다. 오직 시로써 말할 수 있을 뿐입니다.

사람들은 자신이 시적 창의력을 가지고 태어났는지 잘 모릅니다. 그래서 되지도 않은 시를 계속해서 쓰고, 세상에는 시답지 않은 시가 넘쳐납니다. 갈수록 시다운 시는 찾아보기 어려워져 가고 있습니다. 전혀 시적인 삶을 살지 않는 사람, 시적인 아름다움을 지니지 않은 사람도 얼마든지 시를 쓸 수 있습니다. 기교만 있으면 되기 때문이지요.

그는 시인이 아니라 시를 쓰는 기술자일 뿐입니다. 100명의 시인 가운데 99명은 기술자입니다. 진정한 시인은 시를 쓸 필요가 없을지 모릅니다. 아마도 시를 쓸 수도 있고 쓰지 않을 수도 있겠지요. 그 자신이 바로 그의 시가 될 것이며, 그의 삶이 시가 될 테니 말입니다.

설사 다소간의 시적 창의성을 지니고 있다 하더라도 자신의 길을 전적으로 사랑하지 않고 다른 것에 관심을 둔다면 이 또한 문제가 아닐 수 없습니다. 돈을 사랑하면서 훌륭한 시인이 되고 싶다면, 이는 불가능한 일입니다. 돈에 대한 욕망이 창조성을 파괴할 것이기 때문입니다. 돈을 모으는 것은 파괴적인 사람이 되어야만 가능하기 때문입니다. 그가 경쟁할 때, 그것도 폭력적으로 경쟁할 때 돈을 얻는 게 쉬워집니다.

진정으로 창조적인 사람은 자신의 행위를 즐깁니다. 자신이 하는 행위 하나하나 속에서 본질적인 가치를 발견합니다. 그는 시를 쓰고 싶기 때문에 시를 씁니다. 그리고 누가 그의 시를 인정하면 감사합니다. 아무도 알아주지 않아도 아무런 문제가 되지 않습니다. 그는 다만 시를 쓰고 기뻐할 뿐입니다. 이미 그의 내면은 충족되어 있습니다.

순수한 시는 순수한 가슴에서 진실로 순수한 시는 오직 시인의 순수한 가슴에서 저절로 피어나는 작은 꽃이라 할 수 있습니다. 순수한 시를 쓰기 위해서는 순수한 가슴이 필요합니다. 가슴은, 마음이 더 이상 내면을 지배하지 않을 때 비로소 순수합니다.

마음은 거울에 내려앉는 먼지처럼 가슴에 달라붙습니다. 마음은 생각이라는 먼지일 뿐입니다. 모든 생각은 먼지일 뿐 다른 것이 아닙니다. 그러므로 모든 생각을 깨끗이 청소해야만 순수함이 얻어집니다.

시인이 순수성을 유지하는 데 있어, 갈수록 쉽게 얻을 수 있는 지식이나 정보는 도리어 해가 됩니다. 반면 그가 진정으로 이해한 것만이 그를 정화시키고 변형시키며 해방시킵니다.

두뇌 속에서 움직이고 있는 지식이 없을 때, 내면의 하늘을 지나가는 구름이 없을 때, 어떤 계산이나 영리함, 교활함이 없을 때, 전혀 생각하지 않지만 존재하는 것이 무엇이든지 거울처럼 그대로 반영할 때, 바로 이때 투명해집니다. 투명성은 하나의 거울과 같은 특성을 뜻합니다. 사물의 본성은 지식에 의해 알 수 없으며, 투명성에 의해 알려집니다. 순진무구함이 곧 투명함입니다.

순수함은 도덕과도 전혀 상관이 없습니다. 물론 순수한 가슴은 도덕적이지만 도덕적인 사람이 꼭 순수하지는 않습니다. 도덕적인 사람도 여전히 마음에서 살고 있습니다. 그의 도덕이 여전히 마음을 지배합니다. 그러므로 도덕이 순수함으로 이끌지는 못하지만, 순수함은 반드시 도덕으로 이끌어갑니다.

순진무구한 사람은 독특하고 개성 있는 존재가 될 것입니다. 사람은 각각 유일하고 독특하게 태어나기 때문입니다. 그러나 사람들은 대체로 똑같이 생각합니다. 이것이 군중입니다. 그들은 모두 같은 것을 원하지요.

어떤 헤어스타일이 유행하면, 수많은 사람들이 똑같은 헤어스타일을 하고, 어떤 옷이 유행하면 수많은 사람들이 같은 옷을 입는 것을 봅니다. 이것은 행복이 아니라, 행복을 구하려는 절망적인 몸부림입니다. 군중은 자기 자신을 인간이 아닌 양떼로 믿습니다.

그러나 개성을 지닌 인간은 자신의 존엄성과 긍지를 선언합니다. 그리고 작으나마 세상에 아름다움과 기쁨을 가져다주는 데 공헌하기를 원합니다. 진정으로 시인다운 자질을 지닌 사람은 꼭 시를 쓰는 사람이기보다 그의 삶이 시가 되고 그의 생활에서 시적 향기가 감도는 그런 사람입니다.

실제로 시 작품을 통해서 시적 순수성, 진실성을 구체적으로 음미해보고 싶습니다.

한 선사의 시구를 살펴보기로 하겠습니다. 이 시는 현대 시론의 관점으로 보면 시시해 보일지 모르겠으나 이 시에는 깊은 통찰이 배어 있습니다. 탈속한 시혼詩魂이 담겨 있습니다. 이 사실을 이해하려면 읽는 이의 정신이 깨어 있어야 할 것 같습니다. 결코 지적 분석만으로는 이해할 수 없으며, 순수한 직관의 눈으로 보아야만 비로소 그 깊은 맛을 알 수 있을 것이라 생각됩니다.

(1) 깨어서 보니
　　울타리 옆
　　냉이가 꽃을 피우누나!

아주 평이한 시구입니다. 냉이는 봄날 길가에서 지천으로 자라는 들풀이지요. 너무 흔해서 아무도 눈길을 주지 않아요. 귀한 장미도,

연꽃도 아닙니다. 연못에 핀 연꽃이라면, 어떻게 거기서 눈길을 뗄 수 있겠습니까. 보는 순간 그 아름다움에 매혹될 것입니다.

하지만 냉이 꽃은 미처 꽃이라고 생각할 수 없을 만큼 소박합니다. 저절로 자라기 때문에 특별히 가꿀 필요도 없습니다. 이런 냉이를 꽃으로 알아보려면 의식과 감각이 깨어 있어야 합니다. 그렇지 않으면 냉이의 아름다움을 놓치기 십상이지요. 가슴으로 교감하지 않으면 그 아름다움을 엿볼 수 없지요.

이 시를 처음 접하는 사람은 '울타리 옆에 핀 냉이 꽃이 뭐가 그리 대수인가' 생각할지 모릅니다. 시인은 시의 말미에서 감탄합니다. 하찮은 존재의 아름다움을 발견하고 감탄하는 그 감탄의 아름다움은 어디에서 오는 것입니까? 냉이에서 오는 것입니까? 울타리 옆을 수많은 사람들이 지나갔으나 아무도 냉이 꽃을 꽃으로 알아보지 못했지만, 이 시인은 냉이 꽃의 아름다움에 도취되었습니다.

왜 그만이 냉이 꽃의 아름다움을 보았겠습니까? 아름다움은, 사실 냉이 꽃에서 오지 않습니다. 아름다움이 냉이 꽃에서 오는 것이었다면 이미 냉이 꽃은 수많은 사람들의 시선을 사로잡았을 것입니다. 아름다움은 시인의 직관과 영혼의 교감, 명상 속에서 비로소 나오는 것이지요. 명상은 연금술입니다. 명상은 비금속을 금으로 변형시키고 냉이 꽃을 연꽃으로 변형시킵니다.

'깨어서 보니,' 깨어서 본다는 말은 각성과 명상, 밝은 눈으로 본다는 말입니다. 깨어서 가슴으로 보지 않으면 아름다움을 놓치고 말지요. 깨어서 본다는 것은 명상적인 밝은 눈으로 본다는 뜻입니다. 명상적으로 본다 함은 마음 없이 보는 것, 의식의 하늘에 사념의 구름 없이 보는 것, 기억도 떠오르지 않고 욕망도 일어나지 않는 텅 빈 상태에서 보는 것을 말합니다.

무심의 경지에서 보면 평범한 냉이조차 아름다운 연꽃으로 변합니다. 평범함 속에서 비범함을 발견합니다. 사념의 구름이 걷힌 의식 즉 무심으로 대상을 볼 때, 우리는 경외의 세계에 있게 됩니다. 이렇게 냉이 꽃이 그 아름다움을 드러낼 수 있다면, 천상과 지상의 살아 있는 다른 모든 것들의 아름다움이야 말해 무엇 하겠습니까. 냉이로 시를 노래할 수 있다면, 돌로 설법을 할 수도 있겠지요.

직관적인 시와 지적인 시 이와 비슷한 상황이 다음에 보이는 테니슨의 시에서도 발견됩니다. 둘을 비교해보면 그 차이는 분명해집니다. 위 선사는 직관적이고, 테니슨은 지적이라는 것입니다. 얼핏 보면 테니슨의 시가 더 시적이라고 생각될지도 모릅니다.

> (2) 갈라진 벽 속에 핀 꽃이여
> 　　나 틈바귀에서 너를 뽑아
> 　　뿌리째 여기 들고 있나니
> 　　작은 꽃이여
> 　　머리에서 발끝까지
> 　　너의 존재를 이해할 수 있다면
> 　　신과 인간의 존재도 알 수 있으리

아름다운 작품이기는 하지만 (1)에 비하면 어딘가 초라합니다. (1)에서 시인은 꽃을 뽑지 않고 있는 그대로의 꽃을 본 데 비하여, (2)에서는 '갈라진 벽 속에 핀 꽃이여/ 나 틈바귀에서 너를 뽑아/ 뿌리째 여기 들고 있나니'라고 읊음으로써, 선사가 수동적으로 깨어 있는 데 대해서 테니슨은 능동적으로 공격합니다.

사실 꽃에 사로잡힌 사람은 그 꽃을 꺾을 수 없는 법이지요. 꽃이 가슴에 와 닿는데 어떻게 그것을 꺾을 수 있단 말입니까? 꽃을 꺾는 것은 꽃을 죽이는, 존재의 살해 행위입니다. 테니슨의 행위는 폭력적입니다. 어떻게 아름다운 대상을 파괴할 수 있습니까?

소유하는 일은 파괴하는 일 통상 인간의 마음은 그런 식으로 움직입니다. 상대를 파괴해서라도 소유하고 싶어하거든요. 대상을 소유하는 일은 대상을 파괴하는 것입니다. 여자를 소유하는 것은 상대 여성의 존재와 아름다움, 그녀의 영혼을 파괴하는 일입니다. 남자를 소유하면 상대 남성은 더 이상 인간이 아니라 하나의 물건으로 전락합니다.

(1)에서는 꽃을 '깨어서' 봅니다. 집중해서 응시하는 것이 아니라 활짝 열린 눈으로 보는 것이지요. 행여 냉이가 다칠까봐 여성적으로 부드럽게 봅니다. 하지만 테니슨은 무심히 갈라진 벽 틈바귀 속에 핀 꽃을 꺾으며 노래합니다.

'뿌리째 여기 들고 있나니/ 작은 꽃이여' 테니슨은 분리되어 있습니다. 관찰자와 피관찰자가 서로 하나가 되지 못한 것이지요. 이것은 서로를 사랑하는 일이 아닙니다. 테니슨은 꽃을 뿌리째 뽑아 손에 들고 있습니다. 꽃의 존재를 파괴하고 말입니다. 마음은 상대를 잡고 소유하고 지배할 때 행복해 합니다.

명상 속의 의식은 소유나 지배에 관심을 두지 않습니다. 소유나 지배는 폭력적인 마음의 길이기 때문입니다. 테니슨은 위압적으로 꽃을 내려다보면서 '작은 꽃이여'라고 노래합니다. 그는 위대한 시인이자 지성인입니다. 그는 자신의 에고 속에 머물고 있습니다. (1)에서는 자신이 존재하지 않는 양, 자신에 대해서는 아무 말도 하지 않습니다. 관찰자가 존재하지 않습니다.

아름다움이 너무 커서 모두 초월해버립니다. 울타리 옆, 냉이 꽃이 거기 있을 뿐입니다. 그리고 시인은 냉이 꽃 한 송이의 존재의 깊이를 보고 경이의 세계 속으로 빠져듭니다. 그 아름다움이 시인을 압도합니다. 꽃을 파괴하여 소유하기보다는 오히려 꽃에 사로잡혀 버린 것이지요. 시인은 꽃의 아름다움을 아름답게 느끼는 지금 여기, 그 순간의 축복 속으로 전적으로 귀의합니다.

테니슨은 '작은 꽃이여/ 머리에서 발끝까지/ 너의 존재를 이해할 수 있다면'이라고 노래합니다. 무엇이든 이해하려고 드는 강박관념, 사랑도 교감도 필요 없습니다. 우선 이해해서 지식을 긁어모아야 합니다. 지식을 얻지 못하면 불안합니다.

그에게 꽃은 물음표로, 선사에게는 느낌표로 다가옵니다. 물음표와 느낌표 사이에는 큰 차이가 있습니다. 선사는 사랑으로 넉넉합니다. 사랑이 곧 이해입니다. 그러나 테니슨은 사랑에 대해 아무것도 모르는 것 같습니다. 그의 마음은 먼저 지식을 구합니다. '머리에서 발끝까지/ 너의 존재를 이해할 수 있다면', 이렇게 지나치게 완벽주의를 추구합니다.

마음은 미지의 신비의 세계마저도 지식의 틀로 알고자 합니다. '뿌리째' 이해하고자 합니다. 마음은 모르는 대상을 만나면 두려워합니다. 마음의 힘은 지식에서 나오기 때문이지요. 미지의 대상을 만나면 마음은 불안해합니다. 따라서 미지의 대상과 접촉하기 전에 먼저 그 대상을 알고 이해해야 합니다. 한 점의 신비도 남겨놓지 않아야 합니다.

미지란 신의 다른 이름 마음이 모든 것을 머릿속에 집어넣으면 시도 사랑도 신비도 경이도 모두 사라집니다. 영혼도 노래도 찬미도 사라집니다. 모든 것을 알고 소중한 것을 잃습니다. 모든 것을 알고 삶의 의미를 상실합니다. 마음은 먼저 모든 것에 대해 알려고 하지만, 실상 모든 것에 대해 알고 난 다음, 삶에는 아무런 의미가 없다고 말합니다.

마음은 의미를 파괴하는 자입니다. 마음은 모르는 것을 모르는 대로 남겨두지 못하기 때문에 미지의 신비가 남아나지 않습니다. 그러나 삶의 참다운 의미는 미지의 신비 속에 있습니다.

아름다움과 사랑 신 기도 등 삶을 살 만한 가치가 있는 것으로 만드는 것은 모두 미지의 그 무엇입니다. 미지란 신의 다른 이름이며 신비와 기적의 또 다른 이름이지요. 미지의 세계가 없으면 가슴 속의 경이가 있을 수 없고, 가슴이 뛰는 삶의 경이가 없으면 그런 가슴은 생명을 상실합니다.

삶에 대한 외경심이 없는 사람은 참으로 소중한 것을 잃게 됩니다. 그런 사람은 눈에 먼지가 내려앉아, 영혼의 시력을 상실합니다. 그런 사람은 새가 노래해도, 아무런 느낌도 감동도 받지 않습니다. 가슴이 굳어진 것이지요. 새에 대해서도 모든 것을 안다고 생각하기 때문입니다. 그래서 시적인 요소가 남아 있을 수 없습니다. 대상에 대한 지식으로 가득 찬 사람에게서는 시가 사라집니다.

그러나 선사는 그의 느낌표에서 신의 존재와 인간의 존재를 알고 있습니다. '울타리 옆에 핀 냉이 꽃, 존재가 참으로 아름답구나!' 그날이 보름 밤이었을 수도 있고, 아니면 이른 아침이었을 수도 있습니다. 미동도 하지 않고 길가에 서서 존재의 아름다움에 경악하는 선사의 모습이 보일 듯합니다.

냉이 꽃, 너무나 아름다운 꽃, 과거도 미래도 모두 사라졌습니다. 마음에는 사념의 티끌도 떠오르지 않고 아름다움이 놀라움으로 다가옵니다. 그 순간 선사는 어린아이가 되었습니다. 사랑스럽고 주의 깊게 냉이 꽃을 바라보는 어린아이의 순수한 눈이 되었지요.

　이때 비로소 전혀 다른 형태의 이해가 떠오릅니다. 지적이거나 분석적이지 않은, 존재 자체로서 저절로 느끼는 그런 것이지요. 테니슨은 서양을, 선사는 동양을 상징합니다. 테니슨은 남성적인 마음을, 선사는 여성적인 마음을 상징합니다.

2

나는 이렇게 삶의 길을 찾았다

子曰 吾十有五而志于學 三十而立 四十而不惑 五十
자왈 오십유오이지우학 삼십이입 사십이불혹 오십

而知天命 六十而耳順 七十而從心所欲不踰矩
이지천명 육십이이순 칠십이종심소욕불유구

공자가 말하였다. "나는 열다섯 살에 배움에 뜻을 두었고, 서른
살에는 자립하였으며, 마흔 살에는 어떤 유혹에도 넘어가지 않
았고, 쉰 살에는 천명을 알게 되었다. 그리고 예순 살에는 무슨
말을 들어도 귀에 거슬리지 않게 되었고, 일흔 살에는 마음이
하고자 하는 대로 따라도 법도를 넘어서지 않았다."

주해 ───────────────────────────

吾 나 | **十有五** 열다섯, 열 하고도 다섯, 여기서 有는 '又(또 우)'와 같다. | **而**
그리하여 | **志于學** 배움에 뜻을 두다 | **立** 자립하다 | **不惑** 유혹에 넘어가지
아니하다 | **知天命** 천명을 알다 | **耳順** 귀로 들은 말이 순순히 받아들여지다
| **從** 따르다 | **心所欲** 마음이 하고자 하는 바 | **不踰矩** 법도를 벗어나지 아니
하다

이는 공자가 72세에 죽기까지의 자신의 한평생 정신적 성장 과정을 크게 연령대별로 피력한 것입니다. 일종의 압축된 자서전이라 할 수 있지요. 성인들은 꼭 할 말만 하고 그것도 가급적 말을 아껴서 하는데, 이는 그 대표적 예라 할 만한 것으로, 마치 전보문을 보는 듯합니다.

인생은 사다리와 같습니다. 그 속에는 많은 가능성들이 있습니다. 그것을 밟고 올라갈 수도 있고 내려갈 수도 있습니다. 내려가는 것은 쉽지요. 아무런 노력도 필요하지 않기 때문입니다. 올라가는 것은 노력이 필요합니다.

더 높이 올라가기를 원할수록 더 많이 노력해야 합니다. 만약 의식의 정상에 도달하기를 원한다면 우리는 모든 것을 걸어야 할 것입니다. 공자는 일찍 열다섯 살 어린 나이에 이런 뜻을 가슴 깊이 새기고 평생을 정진하였습니다.

첫 단계에서는 시행착오도 있을 수 있고, 스승의 가르침도 필요합니다. 이런 과정을 거치면서 점점 스승에 대한 의존심이 줄어들고, 급기야 나이 삼십에 자립해서 구도의 길로 나아갈 수 있는 수준이 된 것입니다. 이 시대로 비유하면 학생이 박사학위를 받을 정도면 독자적으로 자기 학문을 수행할 수 있게 되는 것과 견줄 수 있을까요.

그러나 아직 도처에 유혹이 도사리고 있습니다. 진심으로 도를 구하는 사람은 어떤 유혹에도 흔들리지 않는 경지까지 가야 합니다. 공자는 끊임없는 정진을 통해서 사십쯤 되어서 이 단계에 도달하였습니다. 억압된 마음과 억눌린 탐욕이 유혹을 만듭니다. 마음을 통제하면 사람은 차갑게 굳어버리고 삶의 에너지가 흘러들지 않습니다.

이 단계에서 공자는 마음을 통제하지 않고 자연스럽게 흐르며 평화롭게 살아갈 수 있게 됨으로써 나이 오십이 되어서는 자신의 선택이나 노력의 결과로서만이 아니라, 어떤 보이지 않는 거대한 존재의 알 수 없는 힘에 의해 자신의 길이 이루어지고 있다고 느낍니다.

그리고 마침내 나이 육십에 접어들면서는 누가 무슨 말을 하든지 그것을 듣고 조금도 동요되지 않으니, 늘 마음이 평온한 상태에 머물 수 있게 되었습니다. 사람이 노년에 귀가 어두워지는 것은 아마도 이제는 내면의 소리에 귀를 기우리라는 뜻이 아닐까 싶습니다.

나이 칠십에 이르면 마음은 드디어 욕망의 집이 아니라 자연의 리듬과 합치된 흐름이 되어, 예절이며 진리며 도며, 모든 가치에 대해서 그것이 옳기 때문에 의지로 따르는 것이 아니라, 그것이 그냥 좋아서 평범한 일상의 일거수일투족이 이상적인 법도에 맞는 그런 경지에 이르렀습니다. 깨달은 이들이 도달하는 최고의 경지라 할 수 있습니다.

진화의 방향 깨달음은 거의 누구에게나 일어납니다. 깨달음을 깨달음이라고 미처 깨닫지 못할지 모르나, 깨달음은 일어납니다. 가령 사랑하고 있을 때 음악에 취해 있을 때 진정한 우정 속에 있을 때 대자연 속에 있을 때, 깨달음은 어떤 교류 속에서도 일어날 가능성이 있습니다.

우리도 모르는 어딘가에, 어떤 체험, 어떤 기쁨의 순간이 우리 마음의 일부분이 되어 한 알의 씨앗이 됩니다. 그리고 우리는 씨앗이 있는 방향을 향해 나아가게 되고, 이름 짓기 어려운 어떤 것, 설명하기 힘든 어떤 것을 추구하기 시작합니다.

우리 스스로 본격적으로 수행을 시작하면 자연히 불안과 번민이 뒤따르게 되지요. 수행한다는 것은 진화의 방향으로 나아가는, 그래서 밝은 눈을 얻고자 하는 여행입니다. 결코 눈먼 경주가 아닙니다.

수행한다는 것은 오직 하나의 목표에 온 정력과 에너지를 쏟아 붓는 것을 말하는 것이니까요.

궁극의 진리 속으로 들어가기 위해서는 먼저 내면을 탐험해야 합니다. 그런데 우리는 모두 외부만을 스쳐 지나고 맙니다. 시작부터 잘못되었습니다. 첫 단추가 잘못 끼워지면 모든 것이 잘못됩니다.

우리는 먼저 내적인 빛의 근원을 발견해야 합니다. 다른 어떤 탐험도 여기에 비할 바가 못 되지요. 달이나 화성에 가는 것도 거기에 비하면 싱겁기 짝이 없습니다. 공자가 한 여행에 비할 것은 아무것도 없습니다. 그는 진정한 탐험가입니다.

열다섯 살에 배움에 뜻을 두었다

사람의 일생은 매 고비마다 그 나름의 삶의 절실함이 있어서 어느 시기인들 중요하지 않을까만, 그 중에서도 첫 단계는 출발점으로서의 의미가 각별할 것 같습니다.

첫발을 어느 쪽으로 내디딜 것인가는 일생의 전 역정歷程을 좌우할 수 있다는 점에서 무엇보다도 중요하다 하겠습니다. 시작이 반이라는 속담도 있지요. 잘못된 시작은 어느 곳으로도 인도할 수 없습니다. 모든 단계는 자체적으로 진화하는 논리를 갖고 있기 때문입니다. 두 번째 단계는 첫 번째에서 나올 것이고, 세 번째는 두 번째에서 나오는 식으로 계속됩니다.

거기에는 어떤 논리적인 연속성이 있습니다. 우리가 첫 발을 내딛는 순간, 어떤 면에서는 모든 것을 선택한 것입니다. 첫 걸음이 마지막 걸음보다 더 중요하고, 시작이 끝보다 더 중요한 이유는, 끝은 단지 하나의 결과, 하나의 성장에 불과하기 때문입니다.

그러나 우리는 결코 시작에 대해서가 아니라, 항상 결과에 대해서 걱정합니다. 언제나 그 과정이 아니라 결과에 신경을 씁니다. 결과가 우리에게 너무나 중요해진 탓에 알지 못하는 사이에 우리는 씨앗의 자취, 시작의 자취를 그만 잊어버리고 맙니다.

그러면 우리는 계속 꿈을 꿀 수는 있지만, 결코 실재에 이르지 못할 것입니다. 만일 우리가 잘못된 걸음을 내디뎠다면 다시 돌아와서 그 첫 걸음을 바꾸지 않는 한, 한평생 방황할 것이며 거기에서 나올 것은 아무 것도 없습니다. 잘못된 한 걸음이 더욱 더 잘못된 걸음으로 끌고 가기 때문이지요.

공자는 꿈 많은 소년기로 접어들면서 삶에 대한 새로운 차원의 방향 감각이 일어나기 시작했습니다. 그 새로운 방향은 내면을 향한 것입니다. 어려서는 외부 세계로만 치달아 자신으로부터 멀어져 있었다면, 이제는 집으로 돌아와 존재의 내면을 들여다보아야 할 것을 깨닫기 시작한 것입니다. 우리가 밖에서 찾고 있는 모든 것은 그 존재의 내면에 있으며, 그것을 밖에서는 발견할 수 없을 것이란 인식이 서서히 무르익어가기 시작한 것입니다.

육체는 영혼의 집 소년이 되면서 자신의 잠재적 특성이 드러나기 시작하고, 마침내 그는 자신의 가장 순수한 열망을 발견합니다. 자신만의 집을 찾아 나서는 것입니다. 그 집은 편안히 안주할 곳을 의미하지 않습니다.

오히려 결코 끝나지 않을지도 모르는 여행임을 알면서도 그는 이 먼 길을 가기로 마음먹은 것입니다. 이 길은 영원한 방랑이 될지도 모릅니다. 하지만 불가능에 도전하지 않는 한, 인간의 위대함은 절정까지 꽃필 수 없습니다. 오직 불가능한 것만이 봄을 가져다주고, 꽃을 활짝 피게 합니다.

위대한 인물들은 원대한 꿈을 가졌습니다. 설령 이루어지지 못한다 할지라도 커다란 포부를 갖는 것은 훌륭한 일입니다. 살아보면 사실상 작은 꿈만 겨우 이루어집니다. 꿈은 크면 클수록 그 꿈이 이루어질 가능성은 줄어듭니다.

우리는 자신의 원대한 창조의 꿈을 잊고 살아갑니다. 의지가 있음을 망각한 채 살아갑니다. 그 창조적인 의지를 찾아 실현해야 하는 것입니다. 그것은 처음에는 하나의 가정처럼 보일지도 모르나 성인들은 그것이 실재임을 보여주었습니다.

인간은 두 번 태어난다고 합니다. 첫 번째 탄생에서는 육체가 태어나고, 두 번째 탄생에서 영혼이 태어납니다. 영혼을 알게 될 때에야 비로소 삶은 실현됩니다. 그렇지 않으면 삶은 순전히 낭비입니다.

악기를 조율하는 것과 연주하는 것은 별개의 문제입니다. 조율이 끝났을 때 연주마저 끝났다고 생각하면 큰 착각입니다. 그것은 음악회가 될 수 없습니다.

육체는 영혼이 존재하는 집에 불과합니다. 그러나 많은 사람들이 육체에만 집착하는 미혹한 삶을 살고 있습니다. 돈도 웬만큼 벌고, 집도 장만하고…, 우리들 삶의 악기는 조율이 되었습니다. 더 이상 무엇을 바라겠습니까? 모든 것이 공허하고 허무함을 깨닫게 될 때가 있습니다. 생의 고해 속에서 그렇게 발버둥 쳐보아도 아무것도 얻을 것이 없다는 걸 깨닫게 되는 것입니다.

육체가 태어난 것은 단지 서론이고, 삶의 진정한 여정에서는 아직 출발도 하지 않았습니다. 지금까지 해온 것은 준비에 불과합니다.

우리는 순례를 위해 출발조차 하지 않았습니다. 지금껏 순례의 여행을 준비해 왔을 뿐입니다. 이제 순례 여행을 떠나야 합니다. 악기는 제대로 조율되었습니다. 연주를 시작해야 합니다. 공자가 어린 시절을 보내면서 적극적으로 배우는 삶에 뜻을 둔 것은 바로 이런 것이 아니었을까요.

**열다섯 살에 배움에 뜻을 둔다는 것은 어찌 보면 늦은 듯하고,
어찌 보면 이른 듯하기도 합니다.**

이는 이르지도 않고 늦지도 않으며, 알맞은 때에 일어난 것으로 이해됩니다. 인간의 성장 과정에서 지극히 자연스러운 것으로 여겨지기 때문입니다. 무슨 일이든지 알맞은 때 일어나는 것이 아름답습니다. 심지어 죽음조차도 그것이 알맞은 때 일어나면 정말 아름답지요.

문득 우리는 알맞은 때에 살고 있는지 자문하게 됩니다. 혹시 끊임없이 기차를 놓치고 있는 것은 아닌지, 우리는 항상 기차가 떠난 뒤에 플랫폼에 들어섭니다. 플랫폼을 떠나는 기차의 꽁무니를 바라보곤 할 뿐이지요.

인간의 육체는 계속 성장하지만 정신은 열세 살이나 열네 살 무렵에서 그 성장을 멈춘다고 합니다. 그래서 어른의 평균 정신 연령은 13세나 14세쯤에 머물러 있다고 심리학자들은 말합니다. 왜 그토록 어리석게 행동하고, 어리석은 상태에 머물러 있는지, 그것은 하나도 놀라운 일이 아닙니다. 성숙하지 못한 마음은 어쩔 수 없이 매 순간 그릇되게 행동할 수밖에 없으니까요.

이 수준을 넘어서 더 지성적이 되기 위해서는 의식적으로 예리하

게 지성을 갈고 닦아야 합니다. 그렇지 못하면 나이만 먹을 뿐 성장하지 않습니다. 나이가 들어간다고 해서 결코 현명해지는 것은 아닙니다.

젊었을 때 바보 같았던 사람은 나이가 들어도 바보 같은 노인이 될 뿐입니다. 나이가 들어간다고 해서 현명해진다고 생각하면 착각이지요. 어쩌면 더 바보같이 굴 수도 있어요. 로봇처럼 습관에 의존해서 살다 보면 젊었을 때보다 더 바보 같아질 것은 자명하잖습니까.

성장과 노화 사이에는 큰 차이가 있습니다. 모든 동물은 늙어갑니다. 성장은 인간만의 특권입니다. 그리고 극소수의 사람들만이 성장의 권리를 누립니다. 대부분의 사람들은 계속 숨을 쉬고 먹고 마시며 늙어갑니다. 매 순간 무덤을 향해 한 걸음씩 가까이 다가갑니다. 요람에서 무덤까지 80년에 걸쳐 천천히 죽어가고 있을 뿐입니다.

성장한다는 것은 매 순간 삶 속으로 들어가는 것, 죽음을 향해 가는 것이 아니라 삶 속으로 더 깊이 들어간다는 뜻입니다. 삶 속으로 깊이 들어가면 들어갈수록 우리 안에 있는 신비한 의식을 깨닫기 시작합니다. 성장의 참된 의미를 알고 싶다면 나무를 보면 됩니다.

나무가 위로 자랄수록 뿌리는 아래로 더 깊게 내립니다. 나무는 지상의 높이만큼 지하에 그 뿌리를 내린다고 합니다. 이렇게 나무의 높이와 뿌리의 깊이 사이에는 균형이 존재합니다. 진정한 성장이란 인간의 뿌리인 의식의 내면으로 깊게 들어가는 것입니다.

우리의 의식은 경계를 지을 수 없을 만큼 거대해서 이 정도면 충분하다고 말할 수 있는 한계가 없습니다. 언제나 더 성장할 가능성이 있기 때문이지요. 성장은 참으로 아름다운 경험입니다. 이 아름다운 경험을 누가 멈추고 싶어 하겠습니까?

열다섯 살에 배움에 뜻을 둔다는 것은 정신적 성장이 열서너 살에

생물학적으로 멈춘 이후에도 나이를 먹는 만큼 성숙해지기 위해서 의식적으로 노력하려는 의지입니다.

이는 정말 아주 드물게 일어나는 일이기는 하지만 이렇게 끊임없이 정진하는 이야말로 만년에 아름다운 늙은이가 될 수 있을 것입니다. 열다섯 살은 사람이 정신적인 성장을 계속할 것인지 아니면 노화로 접어들 것인지를 가리는 분수령이라 할 수 있을 것입니다.

> 공자가 십오 세에 구도에 뜻을 두었다는 것은 보통사람들이 어떤 일을 계획하거나 결심하는 것과는 무언가 다르리라 생각합니다. 과연 그것이 무엇일지 몹시 궁금합니다.

이것은 우리가 머리로 생각해서 말로 표현하는 것과는 근본적으로 다릅니다. 이는 가슴 속에서 내면의 소리가 울려 퍼지는 것이라 할 수 있습니다. 그러나 이것은 음성이 아니고, 가슴 깊은 곳에서 우러나온 순수한 느낌입니다. 이때 우리는 자각과 침묵의 상태에 놓입니다. 그 자각 속에서는 무엇을 하든지 옳습니다. 옳지 않은 일을 할 수 없게 됩니다.

깨어 있지 못하면 항상 선택의 기로에 서게 됩니다. 이것 아니면 저것 중의 하나를 선택해야 합니다. 언제나 혼란을 겪을 수밖에 없습니다. 그러나 각성의 빛이 있는 곳에는 선택의 여지가 없습니다.

각성의 빛은 우리에게 옳은 일을 허용해 주고, 옳지 않은 일을 허락해 주지 않습니다. 우리가 선택할 문제는 없습니다. 미덕은 각성의 부산물이며 훈련으로 얻어지는 것이 아닙니다. 각성의 빛 뒤에는 그림자처럼 덕이 뒤따릅니다.

이런 일은 사고를 통해서는 결코 일어나지 않습니다. 오직 느낌을 통해서만 일어납니다. 느낌은 산 경험이며 사고는 거짓입니다. 우리는 사랑에 대해서 계속 생각할 수 있습니다. 각종 미사여구로 사랑을 장식할 수도 있지만 정작 사랑이 무엇인지 모릅니다. 느껴보지 못했기 때문이지요.

우리는 존재의 성장 없이도 지적으로 성장할 수 있습니다. 그리고 이들은 두 가지 다른 차원입니다. 우리는 지식의 차원에서 계속 성장할 수 있습니다. 우리의 머리는 계속 커지고 더 커집니다. 그러나 자신은 왜소한 채로 남아 있을 것입니다.

그때 아무 것도 실제로 성장한 것은 없습니다. 오직 축적만이 있습니다. 어떤 것을 느끼기 시작할 때 비로소 성장합니다. 우리의 존재가 성숙하게 되는 것입니다. 이것이 진정한 성장의 시작입니다.

무의식적인 상태에서 결심하는 것이 아니라 의식적으로 지켜봄 이는 우리가 흔히 어떤 일을 계획하고 결심하는 것과는 근본적으로 다른 것입니다. 지금 어떤 문제에 대해서 화가 나 있다고 합시다. 같은 문제에 대해 어제도 화가 났고, 그저께도 화가 났습니다. 당연히 내일도 같은 문제에 대해 화가 날 수밖에 없습니다.

계속해서 화를 내고 후회합니다. 다시는 화를 내지 말아야겠다고 결심하고 또 화를 냅니다. 다시는 같은 실수를 반복하지 않겠다고 결심하지만 소용이 없습니다. 결심은 아무것도 바꾸지 못합니다.

화가 날 때 깨어있는 의식을 가지고 화를 지켜볼 수 있다면, 화를 낸다는 것이 얼마나 어리석고 쓸모없는 짓인지 알 수 있습니다. 당연히 어리석고 쓸모없는 짓을 반복하지 않게 됩니다. 더 이상 화를 낼 수가 없습니다. 분노는 죄가 아니고 어리석은 짓일 뿐입니다. 분노를 통해 자신뿐만 아니라 다른 사람에게도 해악을 끼치게 됩니다. 아무런 이득도 없이 서로에게 상처만 입히고 맙니다.

성숙한 사람은 똑같은 상황이 반복되더라도 결코 화를 내지 않습니다. 성숙한 사람은 절대로 화를 내지 않겠다는 결심을 하지 않습니다. 결심은 그가 아직 성숙하지 못하다는 반증입니다. 성숙한 사람은 미래에 대해 미리 결정 내리지 않습니다. 지금 이 순간을 살아갈 뿐입니다. 지금 이 순간의 삶이 내일을 결정합니다. 성숙한 사람은 오늘을 삽니다. 나머지는 자연히 일어나게 되어 있습니다.

분노는 유해물질과 같아서 고통을 줍니다. 사람들은 지옥 같은 분노를 겪을 때마다 후회하고 결심합니다. 혹은 절이나 교회를 찾아가서 회개합니다. "저는 이제 신 앞에 맹세합니다. 앞으로 절대 화를 내지 않겠습니다." 그러나 이런 맹세가 무슨 소용이 있습니까? 분노가 유해하다는 것을 아는 순간 상황은 종결됩니다. 분노의 모든 문이 닫히고, 마치 물거품처럼 분노가 사라져버립니다.

이것은 공자가 위대한 스승이 되기 전 십대의 일입니다. 어린 소년에게 어떻게 이런 일이 일어날 수 있었을까 신비스럽기만 합니다.

'될성부른 나무는 떡잎부터 알아본다.'는 속담이 있지요. 성인들은 선천적으로 어려서부터 남다른 데가 있었던 것 같습니다. 어떻게 이럴 수 있는지, 라즈니쉬의 회상을 참고해보면 이해에 도움이 될 듯합니다. 사람들이 그에게 물었습니다. "스승님은 어릴 적부터 지혜롭고 용기 있고 출중한 인물이었습니다. 어른인 우리는 당신의 어린 시절만큼의 지혜와 용기도 없습니다. 어떻게 그럴 수 있습니까?"

라즈니쉬는 다음과 같이 대답했습니다. "내가 다른 사람들과 다른 이유는 전생에서 그들과 다른 방법으로 죽었기 때문이다. 어떻게 죽느냐의 차이는 대단히 크다. 과거의 생에서 죽음을 맞이했던 방식대로 다음 생에서 태어나기 때문이다.

죽음과 탄생은 동전의 양면과 같다. 혼란 불행 고뇌 집착 욕망으로 동전의 한 면이 가득하다면 다른 면에 영민함 지성 용기 맑음 자각이 있길 기대할 수 없다. 용기 영민함 지성을 위해서 이생에서 내가 한 일은 없다. 그리고 나는 이런 덕목을 지녔다고 생각해본 적도 없다.

만일 우리가 의식이 완전히 깨인 상태에서 죽는다면, 그리고 지나왔던 모든 흔적을 돌이켜보면서 얼마나 어리석게 살아왔는지 깨닫는다면, 우리는 다음 생에서 영민하고 지성적이고 용기 있는 사람으로 태어날 것이다. 우리가 어떻게 하는 것이 아니라 자동적으로 그렇게 된다.

사람들이 얼마나 어리석게 사는지 서서히 깨달은 것도 어느 정도 성장한 이후의 일이었다. 어렸을 적 나는 내가 용기 있는 사람이라는 것을 인식하지 못했다. 다른 사람들도 나와 똑같을 것이라고 생각했다. 훨씬 후에야 모든 사람들이 나와 같지 않다는 것을 알았다.

나는 자라면서 전생과 전생의 죽음에 대해 알기 시작했다. 그리고 내가 얼마나 편안하게 죽음을 맞이했는지도 기억했다. 편안한 정도가 아니라 열렬하게 죽음을 맞이했다. 나의 관심은 지금껏 보아왔던 기존의 세계 이후에 올 미지의 세계에 쏠려 있었다.

나는 과거를 절대 되돌아보지 않는다. 뒤를 돌아보지 않는다는 것, 이것이 내 인생의 지침이다. 과거를 돌아보는 것은 아무 의미가 없다. 뒤를 돌아본다고 되돌아가는 것도 아닌데 왜 시간을 낭비하는가. 죽는 순간에도 나는 앞을 내다보았다.

대부분의 사람들은 과거에 집착한 나머지 미지의 세계로 들어가는 것을 두려워한다. 기존의 세계, 익숙한 세계에 그들은 매달린다. 기존의 세계는 추하고 고통으로 가득하다. 그러나 적어도 그들이 알고 있는 세계이다. 그들은 이 세계와 우정 비슷한 것을 쌓아왔던 것이다. 사람들은 불행과 우정 비슷한 것을 쌓고 산다. 너무 오랫동안 불행과 함께 살아왔기에 불행을 떠나보내는 것은 마치 이혼과도 같다.

임종을 눈앞에 둔 사람들을 지켜보아라. 그들이 겪는 고통은 죽음 때문이 아니다. 죽음은 전혀 고통스럽지 않다. 오히려 죽음은 깊은 잠처럼 유쾌하다. 잠을 푹 자는데 무슨 고통이 있겠는가? 그런데 사람들은 깊은 잠같이 편안한 죽음, 그리고 그 즐거움에 대해 전혀 관심도 없다.

사람들은 그들의 손가락 사이에서 흘러 없어질 기존의 세계를 걱정할 뿐이다. 두려움은 오직 하나에서 비롯된다. 그것은 기존의 세계를 잃고 미지의 세계로 들어가는 것에 대한 두려움이다.

용기는 이와 정반대이다. 항상 기존의 세계를 버릴 준비를 해야 한다. 때가 오기를 기다릴 필요도 없이 기꺼이 버릴 태세를 갖추는 것이 좋다. 그리고 아주 새롭고 신선하고 매혹적인 미지의 세계로 뛰어들려고 하는 것, 이것이 용기이다.

미지의 세계가 기존의 세계보다 더 엉망이라 해도 미지의 세계가 훨씬 낫다. 두 세계 중에 어느 것이 좋고 나쁜가는 중요하지 않다. 정말 중요한 것은 기존의 세계를 벗어나 미지의 세계로 이동하려는 의지이다. 이것이야말로 값을 매길 수 없는 가치가 있다.

이런 자세로 살 때 우리는 죽음을 준비할 수 있다. 죽음이 닥칠 때 '나는 죽음을 선택하고 생을 떠날 거야.'라고 갑자기 결정하는 것은 불가능하다. 이런 결정은 급작스럽게 내려지지 않는다. 한 순간 한 순간 살면서 이런 준비를 해야 한다. 미지의 세계가 내뿜는 아름다움에 점차 익숙해지면 내면에 새로운 품성이 빚어지기 시작한다.

참으로 대단한 통찰입니다. 삶을 단순히 사는 데 만족하지 않고 배우는 자세로 살아간다는 것은 무슨 뜻입니까?

배움의 관념은 근원적으로는 동양의 오랜 종교적 신념과 관련됩니다. 즉 이 세상에서 우리는 모두 이방인들입니다. 우리의 진정한 고향은 반대편 해안에 있습니다. 우리는 단지 저쪽 해안에 받아들여질 수 있도록 성장할, 경험할, 성숙할 준비를 위해 여기에 있습니다.

우리가 이 삶 속으로 들어온 것은 아이들을 학교에 보내는 것과 같습니다. 이곳은 배움의 장소이지 집이 아닙니다. 그러므로 가능한 한 많이 배우고, 깊이 경험하여 우리의 삶이 다차원적이 되게 해야 합니다. 이곳은 우리의 집이 아닙니다. 소유하려 해서는 안 됩니다.

아이는 낮에는 학교에서 공부하고, 저녁에는 집으로 돌아갑니다. 학교는 꼭 필요한 곳입니다. 학교가 없다면 아이는 성장할 수 없습니다. 그 즐거움과 고통, 그 어리석음과 지혜, 그 기쁨과 비참함 속에서 서서히 우리는 균형을 이루는 법을, 중심을 잡는 법을 터득합니다.

그리하여 준비가 되면 우리를 집으로 데려가기 위해 저쪽 해안에서 배가 도착합니다. 그러나 그것은 오직 우리가 준비가 되었을 때 이야기입니다. 그렇지 않으면 그것을 터득할 때까지 우리는 또다시 이곳으로 오게 될 것입니다.

우리는 삶이 무엇인지도 모르면서 칠팔십 년을 살아갑니다. 아무 비전도 없이, 어떤 뿌리 내림도 없이 떠돌아다닙니다. 삶이 우리에게 부여하는 것을 음미하지도 못한 채 단지 이 순간에서 다음 순간으로 옮겨갑니다. 그것은 태어날 때부터 주어지는 것이 아닙니다. 삶을 아는 것은 유전되는 것이 아닙니다.

삶은 태어나면서 주어집니다. 그러나 그 지혜와 그 경험, 그 환희는 배워야만 하는 것입니다. 우리는 그것을 얻어야만 하고, 그것을 향해 성장해야 합니다. 성숙함을 획득해야만 하는 것입니다. 그래야 삶을 알게 됩니다. 삶은 오직 어떤 성숙의 순간에만 열릴 수 있습니다. 그러나 사람들은 미성숙한 채로 살다가 죽습니다. 결코 진실로 성장하지 않으며, 결코 성숙하지 못합니다.

삶을 성장할 수 있는 기회로 활용해야 한다. 삶을 사는 자세는 두 가지로 나누어 볼 수 있습니다. 대부분의 사람들은 세속적인 것들을 위해 인생 전체를 헛되이 낭비합니다. 보잘것없는 지위를 위해, 약간의 돈을 모으기 위해, 얼마간의 권력을 위해 세상을 방황하고 혹은 얄팍한 행복을 쫓아다니며 에너지를 소비합니다.

다른 사람들도 다 그렇게 하고 있기 때문에 어리석은 것처럼 보이지 않을 뿐입니다. 그러나 이들은 파도가 밀려오면 지워지는 해변의 모래 위에 쓰인 글씨처럼 조만간 사라질 것입니다. 이들은 무의식적으로 삶을 흘려보내고 있습니다.

의식적인 사람이란 세속의 것이 중요하지 않음을 깨달은 사람입니다. 이들은 삶이 엄청나게 값진 선물이라는 것을, 순간순간이 더없이 귀중하다는 것을, 그래서 함부로 낭비해서는 안 된다는 것을 가슴 깊이 이해하고, 삶을 성장할 수 있는 중요한 기회로 활용합니다.

그리하여 더 많은 에너지가 본질적인 것에 사용되도록, 가급적 본질적인 것만을 말하고, 본질적인 것만을 행하려고 노력합니다. 그러면 시간과 에너지가 절약되며, 이들은 내면의 성장을 위해 쓰일 수 있습니다.

각성의 장미를 피우기 위해서는 많은 에너지가 필요합니다. 그리고 위대한 모든 것은 여분의 에너지를 가지고 있을 때만 우리에게 옵니다. 그러므로 이 세상을 배우는 자세로 사는 사람은 소극적으로는 모든 에너지가 세속적인 것에 낭비되지 않도록 유의하고, 적극적으로는 이것이 진정한 성장을 위해 쓰이도록 노력합니다.

개가 진보하지 못하는 이유는 쓸데없이 짖음으로 해서 에너지를 낭비하기 때문이라는 말이 있습니다. 개는 왜 달을 보고 짖으며, 왜 유니폼을 입은 사람만 보면 짖는단 말입니까?

깨달은이들은 삶의 핵심적 요소로 의식을 꼽습니다. 그들은 호흡과 혈액 순환을 삶으로 정의하지 않습니다. 의식이 깨어 있어야만 살아 있는 것이라고 생각합니다. 따라서 의식의 각성을 이룬 사람을 제외하곤 아무도 진정으로 살아 있다고 할 수 없다는 것입니다.

대부분의 사람들은 잠들어 있지요. 그들은 잠 속에서 움직입니다. 그래서 계속 비틀거리고 걸려 넘어집니다. 그들은 원하지도 않는 일을 하고 원하는 일을 하지 못합니다. 그들은 옳지 않다는 것을 뻔히 알면서도 그 일을 하고, 옳다는 것을 알면서도 그 일을 하지 못합니다.

이런 사람들은 로봇에 불과합니다. 투명한 의식이 없습니다. 보지도 듣지도 못합니다. 물론 그들에게는 귀가 있으므로 들을 수야 있지요. 그러나 그들의 내면에는 그것을 이해할 사람이 없습니다. 그들은 눈이 있으므로 볼 수 있지요. 그러나 내면에는 그것을 이해할 사람이 없습니다.

그들의 눈과 귀는 계속 보고 듣지만 아무 것도 이해되지 못합니다. 평소 소비적으로 삶을 낭비할 뿐, 의식의 각성을 위해 생산적으로 노력하는 배움의 자세가 전혀 없기 때문입니다.

의식이 깬 사람은 삶의 가치를 깨닫고 그 가치를 실현하기 위해 정진합니다. 삶은 성장할 수 있는 유일한 기회입니다. 이 기회를 놓치지 않기 위해서는 좀 더 중요한 일, 좀 더 의미 있는 무엇인가를 위해 삶을 바치고, 비본질적인 것에 인생을 낭비해서는 안 되겠지요.

본질적인 것은 영원한 것입니다. 그것은 시간에 구애받지 않습니다. 그러나 비본질적인 것은 우발적이고 일시적인 것입니다. 돈은 비본질적입니다. 이는 집이나 자동차를 사는 데 소용될 것이나 결코 지복 사랑 평화를 가져다주지는 못합니다. 좋은 집과 자동차를 가질수록 더 좋은 집, 더 큰 자동차를 갈망하게 될 뿐입니다.

그렇다고 그가 비범한 삶을 통해 특수한 것을 추구하는 것은 아닙니다. 그는 평범한 삶 속에서 굉장한 희열을 느끼며 살아갑니다. 그는 삶을 평범하다고 생각하지 않습니다. 비범한 감수성으로 살아가기 때문입니다.

삶은 존경과 사랑과 감사를 받아 마땅합니다. 삶은 신이 준 엄청난 선물이기 때문입니다. 나무들과 새들과 사람들과 강들과 산들과 별들과 광대한 하늘, 이 모든 축복받은 존재의 어우러짐 속에서 심각해질 수 있다는 것은 정말 이상하고 병적인 현상입니다.

이렇게 본질적인 것만을 추구하며 살기란 참으로 어려울 것입니다. 실제로 삶을 통해서 배움에 투철했던 예를 볼 수 있다면 크게 도움이 될 것 같습니다.

소크라테스는 한 평생을 겸허히 제자의 자세로 배움의 길을 걸어갔습니다. 어떤 일에 직면하거나 그는 그 체험을 귀한 배움의 기회로 삼았습니다. 심지어 죽어가면서도 배움의 열기를 불태우는 것을 마다하지 않았습니다. 그의 탐구심은 참으로 독보적인 것이었습니다. 그가 독배를 마시고 서서히 죽어갈 때, 제자들이 슬프게 울었습니다.

스승이 죽어가는 마당에 제자들이 우는 것은 당연한 일이었지요.

그러나 소크라테스는 제자들에게 말했습니다. "울음을 그쳐라. 나를 방해하지 말라. 내가 죽음을 탐구할 수 있게 놔두어라. 너희들은 내가 죽은 뒤에 얼마든지 울 수 있다. 하지만 지금은 내가 죽음을 탐구하도록 놔두어라. 나는 곧 죽을 것이다. 나는 죽음의 실체를 파악할 수 있는 이 순간을 평생 동안 기다려 왔다."

그는 독약을 마시고 죽어가면서 침대에 누워 죽음을 관찰하고 있었습니다. 그가 제자들에게 말했습니다. "이제 내 발이 마비되고 있다. 하지만 나는 전과 마찬가지로 여전히 존재한다. 내게서는 아무것도 없어지지 않았다. 나의 존재에 대한 느낌은 전과 다름없이 완벽하다. 이제 내 발이 완전히 마비되었다."

그가 계속 말했습니다. "이제 다리가 마비되었지만 나는 변함이 없다. 내게서는 아무것도 없어지지 않았다. 나는 여전히 전체적으로 존재한다. 이제 배와 손이 마비되는 것이 느껴진다." 그는 희열에 들떠 있었습니다. "하지만 나는 변함이 없다. 내게서 아무것도 사라지지 않았다."

그 다음에 그가 미소를 지으면서 말했습니다. "이것을 보면, 곧 죽음이 내 심장을 앗아간다 해도 내게서는 아무것도 사라지지 않을 것이다. 이제는 손이 완전히 마비되고 심장이 오그라드는 느낌이 온다. 혀마저 마비되고 있으니 이것이 나의 마지막 말이 될 것이다. 명심하라, 이것이 나의 마지막 말이다. 나는 여전히 똑같은 사람이다. 나는 변함없이 전체적으로 존재한다."

인간은 진리를 탐구하는 하나의 질문이다. 이것이 죽음에 대한 탐구입니다. 수태의 시간에서 임종에 이르기까지 인간은 진리를 탐구하는 하나의 질문입니다. 진리를 탐구하지 않는다면 인간으로 보일 뿐 아직 진정한 인간이 아닙니다. 기껏해야 겉으로만 인간으로 보일 뿐이지요.

인간이라는 우리의 특성은 겉모습일 뿐 가슴속에 뿌리박고 있지 못합니다. 겉모습에 현혹되지 않아야 합니다. 거울을 보면 인간처럼 보일 것이나 이것은 아무것도 증명해 주지 못합니다. 에너지 전체가 탐구에 몰입될 만큼 성장하지 않는 한, 우리 자체가 하나의 질문이 되지 않는 한, 우리는 아직 인간이 아닙니다.

이것이 다른 동물과 인간의 차이점입니다. 동물은 그저 목숨을 연명할 뿐 탐구하지 않습니다. 그들은 그저 살아갈 뿐 아무것도 묻지 않습니다. 무엇이 진리인가? 삶이란 무엇인가? 삶의 의미는 무엇일까? 우리는 왜 여기에 있는 것일까? 우리는 어디에서 왔다가 어디로 가는 것일까? 우리에게 정해진 목적지는 어디인가?

어떤 동물도 이렇게 묻지 않습니다. 인간 안에만 탐구 정신이 깃들어 있습니다. 이것이 인간의 존엄성이며, 영원한 순례 여행입니다.

여기서 배움은 오늘의 배움과는 어떻게 비교해 볼 수 있습니까?

깨달은이들이 말하는 배움은 이 시대의 배움의 통념과는 판이함을 간과하지 말아야 합니다. 이는 학교 교육과는 대조적입니다. 학교에서 아이들은 교양과 언어, 논리, 산문 등을 배웁니다. 전쟁과도 같은 경쟁이 시작되고 극도의 에고이스트가 되고 사회에 만연한 온갖 정신병들을 받아들입니다.

돈과 권력에 눈을 뜨기 시작하고 어떻게 하면 유능한 사람, 유력한 인사가 될 수 있을까 고민합니다. 이렇게 되면 아이는 자연 그대로의 본성을 상실하고 사회에 유용한 부품으로 전락합니다.

대부분의 사람들은 자기 주위에 쓰레기 같은 정보들을 모으느라 태어날 때 가지고 있던 명민함을 잃어버립니다. 이것이 소위 학교 교육을 통한 성취입니다. 인간은 모두 총명하게 태어나서 점차 평범하게 되고, 죽을 때는 심히 우둔해집니다. 사람들은 그것을 발전이라고 부르지만, 그것은 퇴보에 지나지 않을 것입니다.

이에 대해서 공자가 지향한 배움은 오늘의 관점에서는 비현실적인 그러나 본질적인 것입니다. 아마 평화로운 시대라면 우리는 아이들에게 이렇게 말할 것입니다. "너희들에게는 사랑의 씨앗, 지복의 씨앗, 진리의 씨앗들이 있지만, 그것들은 아직 씨앗일 뿐이다. 너희들은 삶에서 그 씨앗들을 뿌리기 위해, 그것들이 성장하게 하는 기술을 배우기 위해 노력해야 한다. 그 씨앗이 싹을 틔우기를 기다리며 인내해야 한다. 그리고 그것을 돌보면서 꽃을 피우는 적당한 계절이 오기를 깊은 믿음 속에서 기다려야 한다."

공자가 말하는 배움이란 내면을 경작하는, 내면의 정원을 가꾸는, 내면을 농사짓는 기술 혹은 자세를 터득하는 것을 의미합니다. 자신의 본성을 이해하고 성숙시키기 위해서는 내면으로 들어가야 합니다. 그때 인간은 가장 위대한 경이와 더없는 외경畏敬을 알게 되지요.

우리는 씨앗입니다. 그러나 그냥 씨앗으로 죽는다면 그것은 불행한 일입니다. 꽃이 되어야 하고, 향기를 퍼뜨려야 합니다. 오직 그때만이 지복을 느낄 수 있습니다. 공자는 자신의 위대한 잠재력, 그 무한한 가능성, 자신이 도달할 수 있는 높이를 깨닫고 이를 실현하기 위해 정진할 것을 다짐합니다.

조물주는 모든 사람을 아주 풍요롭게, 무진장으로 풍요롭게 만들어주고 있는데, 우리는 거지들처럼 살고 있습니다. 우리는 더 이상 거지가 아니고 황제가 될 수 있다고 선언하는 것이 진정한 배움의 의미입니다.

학교 공부와 별도로 나날의 삶에서 무엇을 어떻게 배울 수 있을까요?

삶에서는 배울 대상과 배울 때가 따로 있지 않고, 일상 우리를 둘러싸고 있는 삶 안에서 삶을 느낄 수 있는 열린 마음과 삶에 감응하는 감수성이 필요합니다. 삶에서 정말 귀중한 것을 배우기 위해서는 영리한 학생이 아니라 진실한 제자가 되어야 합니다.

진실한 제자는 지식을 구하지 않고 앎을 추구합니다. 그는 하나하나 깨우쳐 가는 바로 그 과정을 즐깁니다. 결론에 도달하는 것에 흥미를 느끼지 않고, 목표들에는 관심이 없습니다. 여행 그 자체에 더 많은 흥미를 가집니다. 그 여행은 매 순간 즐겁지만, 목표를 중히 여기는 사람은 항상 지름길에 관심을 두지요.

배울 준비가 되어 있는 사람 삶은 교과서 같은 것이 아닙니다. 삶은 체험입니다. 가령 우리가 자전거를 탈 때, 어떻게 타는지 다른 사람에게 말할 수 있습니까? 균형을 느끼면서 두 바퀴를 직각으로 세우고 달립니다. 비결이 무어냐고 묻는다면 "이것이 원리다. 이런 원리를 따른다."고 말할 수 없을 것입니다.

그 대신 "유일한 방법은 네가 와서 자전거에 앉는 것이다. 그러면 우리가 타는 것을 도와줄 것이다. 너는 몇 차례 넘어지면서, 유일한 방법은 실제로 배우는 것뿐이라는 것을 알게 될 것이다."라고 말할 수 있을 뿐입니다. 수영하는 유일한 방법은, 위험이 따르기는 하지만, 직접 물에 뛰어 들어 수영을 하는 것입니다.

깨달은 이에게는 모든 것이 처음입니다. 깨달은 이는 비록 처음으로 하는 일이라 할지라도 완벽하게 할 수 있습니다. 그의 능력은 과거로부터 나오는 것이 아니라 현재로부터 나오기 때문입니다. 일을 하는 데는 두 가지 방식이 있습니다. 하나는, 전에 해보았기 때문에 할 수 있는 것, 즉 과거에 해보았기 때문에 따로 준비할 필요 없이 기계적으로 할 수 있는 것입니다.

만약 전에 해본 적이 없어 처음으로 해야 한다면, 경험이 없으므로 무섭도록 정신을 차려야 하겠지요. 그때에는 기억에 의존하는 것이 아니라 주의에 의존해야 합니다. 활동에는 두 가지 근원이 있지요. 하나는 기억과 지식과 과거와 마음에서 비롯되는 것이고, 다른 하나는 자각이나 현재나 무념에서 비롯되는 것입니다.

배울 준비가 되어 있는 사람을 제자라 하고, 배우는 과정을 수행이라 합니다. 지식인은 배울 준비가 되어 있지 않습니다. 그는 이미 모든 걸 안다고 생각하기 때문이지요. 그의 존재는 지식에 뿌리를 내리고 있습니다. 지식은 에고를 살찌우는 영양분입니다.

그는 결코 제자가 될 수 없고, 결코 참된 수행을 할 수도 없습니다. 소크라테스는 말합니다. "나는 내가 아무것도 모른다는 사실만을 알 뿐이다." 바로 이런 자세가 수행의 시작입니다. 우리는 아무것도 모를 때 찾고 살펴보고 탐구하려는 열망이 솟아오릅니다. 배우기 시작하면 곧바로 자신이 배운 것들을 놓아야 합니다. 그렇지 않으면 배운 것들은 지식으로 전락해버리고 지식은 이후의 배움을 방해합니다.

참된 수행자는 아무것도 쌓지 않습니다. 매 순간 자신이 알게 된 것을 죽이고 다시 아무 것도 모르는 사람이 됩니다. 이 모름은 세상을 밝히는 광명입니다. 이 모름의 광명 속에 있는 것, 이것은 더없이 아름다운 체험입니다. 그렇게 모름의 상태에 있을 때, 우리는 아무런 장벽 없이 마음의 문을 열어놓고 삶을 탐험할 수 있습니다.

진심으로 배우고자 하는 사람은 옛 정체성에 안주하기보다 새로운 비전, 새로운 시야, 새로운 통찰력을 통해 미답의 대지로 가는 첫 발 걸음을 멈추지 않을 것입니다.

서른 살에는 자립하였다

공자는 서른 살에 섰다고 했는데, 여기서 '선다'는 것이 무엇을 상징하는지요?

'설 립'이란 한자 '立'은 단어로는 자립自立 혹은 독립獨立이란 말과 통합니다. 자립이란 무엇입니까? 아버지들은 아들의 손을 잡고 한동안 걷는 연습을 시켜 줍니다. 그러나 아버지가 아들의 손을 영원히 잡아 줄 수는 없는 노릇이지요.

때가 오면 아버지들은 그 자식들에게 말합니다. "자, 이제 스스로 걸어보라. 혼자서 걷는 연습을 하라. 너는 혼자 걸을 만큼 자랐다. 혼자서 너만의 여행을 떠나야 한다. 네 인생은 네가 스스로 책임져야만 한다. 혼자 힘으로 일어서라."

이 같은 삶의 도전들을 받아들일 수 있게 될 때, 우리는 철이 들고 성숙해집니다. 스스로 일어서는 것은 자신이 얼마나 노력하느냐에 달려 있습니다. 삶의 초기 단계에서는 시행착오가 적지 않고, 스승의 가르침이 많은 도움을 주기도 합니다. 그러나 이런 과정을 통하여 점점 스승에 대한 의존심이 줄어들고 급기야 홀로 나아갈 수 있는 수준이 됩니다.

내면의 등불을 켜고 순례의 여행을 구도자는 자신의 삶을 당당히 앞장서서 이끌어 나가는 사람입니다. 그는 "이제 되었습니다. 지금까지 보살펴 주서서 참으로 고맙습니다. 이제 제 발로 일어서겠습니다." 하고 아버지에게 말하는 아들과 같습니다. 홀로 설 수 있다고 말할 때 드디어 성숙한 젊은이가 되는 것입니다.

자립을 선언하고 본격적으로 수행을 시작하면 자연히 불안감이나 번민이 뒤따르게 될 것입니다. 그러나 이는 밝은 눈을 얻고자 하는 여행이지, 결코 눈먼 경주가 아닙니다. 수행한다 함은 오직 하나의 목표에 온 정력과 에너지를 쏟아 붓는 것을 말합니다. 그러나 이는 진리를 향한 입문이요, 서론에 불과합니다. 아직 진짜는 남았습니다.

바이올린의 줄을 고르는 음악가를 상상해 보십시오. 음악회가 시작되기 전, 연주자는 줄을 고릅니다. 이 조율은 항상 오래 걸립니다. 청중은 대체 언제까지 조율만 하고 있을 것인가 지루해합니다. 연주자는 악기가 완벽하게 조율이 되었을 때라야 연주에 들어갑니다. 이와 같이 우리도, 각자 저마다 '나'라는 악기가 완전히 조율이 될 때까지 준비를 해야만 합니다.

악기를 조율하는 것과 연주하는 것은 다른 것입니다. 조율이 끝났을 때 연주회마저 끝났다고 생각한다면 그 순간 모든 것은 끝나버리고, 그것은 그저 미완성으로 결코 음악회가 될 수 없습니다. 우리는 주위에서 이 같은 미완성을 무수히 봅니다. 삶의 진짜 여정에서는 아직 출발도 하지 않았습니다. 지금까지 해온 것은 준비에 불과합니다. 이제 악기는 제대로 조율되었습니다. 자, 연주를 시작하십시오. 순례 여행을 떠나십시오.

사람들은 타인의 도움 없이 홀로 서는 것을 무척 두려워합니다. 늘 무엇인가 도움이 되는 것을 잡고 싶어 합니다. 물에 빠진 사람은 지푸라기라도 잡으려 한다지요. 지푸라기를 움켜쥔다고 해서 지푸라기가 통나무가 되겠습니까. 실상, 우리가 올라타는 배는 모두 지푸라기에 불과합니다. 지푸라기는 잠시 마음을 편하게 해주겠지만 곧 강물 가운데서 빠질 수밖에 없습니다.

여기서 제일 먼저 기억해야 할 것은 이것이 내면으로 떠나는 여행이라는 것입니다. 모든 것이 전부 자기 마음 밖에 남아 있을 수밖에 없습니다. 가족도 친구도 소용없습니다. 우리 자신만을 의지할 수밖에 없습니다. 나만이 참된 배라고, 자신에 대한 확신을 일깨워야 합니다. 산이 아무리 깊고 밤이 아무리 어두워도 상관없습니다. 내 내면의 등불을 밝히기만 하면 됩니다. 그 등불은 끝까지 나를 따라갈 것입니다.

언제까지 외부의 등불에 의지할 것입니까? 제자가 들고 갈 등불을 스승이 끄지는 않는다 하더라도 들고 가다가 바람에 꺼질지도 모르지 않습니까? 존재계 전체가 나서서 외부의 도움을 원하지 않는 사람을 돕습니다. 신은 도움을 구하지 않는 사람을 돕습니다.

자립심이 세상을 살아가는 데 얼마나 귀한 덕목인지 새삼 깨닫게 됩니다. 그러나 자립심을 기르기는 퍽 어렵습니다.

현자들은 우리가 통찰력을 기름으로써 자신의 등불을 가지기만을 바랍니다. 그러나 우리는 통찰력을 원치 않으며 그 대신 명확한 지침을 원합니다. 우리는 스스로 보기를 원치 않고 인도 받기를 원하지요. 자신에 대한 책임을 받아들이고 싶어하지 않고, 스승의 어깨 위에, 현자의 어깨 위에 그 모든 책임을 던져버리고 싶어하지요.

그리고 나서 편안해 합니다. "그래, 이제 그에게 책임이 있다. 만약 뭔가가 잘못 된다면 그의 책임이다." 이렇게 생각합니다. 그러나 이렇게 생각하는 한, 모든 것은 잘못 됩니다. 나 스스로 책임을 지지 않는 한, 어떤 것도 제대로 될 수 없기 때문입니다. 나 자신 말고는 나를 올바르게 인도할 사람은 아무도 없음을 잊지 말아야 합니다.

책임감이 자유를 가져다주고, 자립심을 갖게 해 준다. 어려서부터 우리는 부모 가족 모국에 대해 책임을 지도록 배워왔습니다. 그러나 아무도 우리가 우리 자신에 대해 책임을 져야 한다고, 우리의 책임을 대신할 사람은 없다고 말하지 않았습니다. 이것이야말로 가장 중요하고 근본적인 책임인데 말입니다.

언제나 남에 대한 책임보다는 자신에 대한 책임이 우선해야 하기 때문입니다. 이를 위해서는 훨씬 더 예리한 통찰력이 요구됩니다. 우리가 하고 싶은 것은 무엇이든지 할 수 있습니다. 만약 그것이 옳지 못한 일이라면 즉시 징벌이 따를 것입니다. 만약 그것이 옳다면 즉시 보상이 따라 올 것입니다. 다른 방법은 없습니다.

이런 식으로 우리는 무엇이 옳고 무엇이 그른지를 발견하기 시작할 것입니다. 새로운 감수성이 자라기 시작할 것입니다. 새로운 시각으로 보기 시작할 것입니다. 즉시 무엇이 그른지 알 수 있을 것입니다. 과거에 여러 차례 그것을 했지만 언제나 고통만 받았기 때문입니다. 이제는 무엇이 옳은지 알 수 있을 것입니다. 그것을 할 때마다 신은 우리에게 커다란 축복을 쏟아 부었기 때문입니다. 원인과 결과는 함께 하는 것입니다.

책임을 다른 사람에게 돌릴 때, 우리는 어린아이로 남을 뿐, 결코 성장하지는 못할 것입니다. 성장하는 유일한 길은 좋고 나쁘고, 즐겁고 슬픈 모든 것을 받아들이는 것입니다. 우리는 우리에게 일어나는 모든 것에 책임이 있습니다. 이 같은 사고가 커다란 자유를 줍니다.

만약 나 아닌 남이 어떤 것에 대해 책임이 있다면, 그때 우리 행동들에 대한 열쇠는 그의 손 안에 있습니다. 그때 우리는 노예입니다. 스스로 삶의 모든 것에 대해 책임이 있다는 이 위대한 자각을 즐길 줄 알아야 합니다. 그때 우리는 독립적인 개인 혹은 진정한 개인이 될 것입니다. 개인이 되는 것은 해방되는 것이며, 깨달음을 얻는 것입니다.

자립적인 인간으로 성장하기 위해서는 스스로 모든 책임을 질 수 있어야 합니다. 현재 나의 모습이 어떠하든 책임을 져야 합니다. 이것이 가장 우선되는 용기요, 가장 큰 용기겠지요. 외부의 힘은 물론이거니와 어느 누구도 우리를 어찌하지 않았습니다. 우리가, 오직 나만이 했을 뿐입니다. 업이라는 것이 바로 이것입니다. 업은 우리의 행위입니다. 행위를 한 것도 나이며 주워 담는 것도 나입니다. 그러므로 기다리거나 연기할 이유가 없습니다.

지금 당장 불행에서 뛰쳐나와야 합니다. 그러나 우리는 불행에 길들여져 있습니다. 불행은 가장 친한 동반자입니다. 마치 그림자처럼 어디든 따라다니지요. 불행이 우리의 배우자입니다. 참으로 길고 긴 결혼생활입니다. 이제는 불행과 이혼을 선언할 때가 되었습니다. 이것이 위대한 용기입니다.

뿌린 대로 거둔다는 말이 있지요. 만약 불행하다면 그것은 스스로 불행을 뿌렸다는 것을 뜻합니다. 다른 사람은 아무도 우리를 불행하게 하지 않습니다. 물론 뿌리는 것과 거두는 것 사이에는 간격이 있습니다. 바로 그 간격 때문에 다른 누군가에게 책임을 돌립니다. 그 간격이 우리를 속입니다. 자신의 삶에 대해 전적으로 책임질 줄 알아야 합니다. 삶이 추하다면 그에 대한 책임을 느끼십시오. 삶이 고통뿐이라 해도 그것을 책임지십시오.

처음에는 내가 나의 지옥을 만든 장본인이라는 사실을 받아들이기가 힘들 것입니다. 그러나 처음에만 어렵지, 곧 변화의 문들이 열리기 시작할 것입니다. 지옥을 만들었다면, 천국도 만들 수 있기 때문입니다. 내가 혼자 힘으로 그렇게 많은 고통을 만들어냈다면 나는 엑스타시도 그렇게 많이 만들어낼 수 있습니다. 책임감은 자유를 가져다주고 자립심을 갖게 해 줍니다.

자신이 어떠하든지 그것이 자신의 창조물이라는 것을 아는 순간, 우리는 외부의 모든 원인과 환경들로부터 자유로워집니다. 바로 이 순간이 자립하고 독립할 수 있는 위대한 계기입니다. 모든 것은 우리에게 달렸습니다. 신은 스스로 힘차게 걸어가는 인간을 특별히 사랑합니다. 혼자 힘으로 찾고 탐구하기 시작하는 순간, 인간은 축복 받은 존재가 됩니다. 그 탐구 자체가 변화의 시작입니다. 그것이 강렬하면 강렬할수록 더욱 더 빨리 변화가 일어날 것입니다.

다른 사람들이 하는 말에 신경 쓸 필요가 없습니다. 결코 거기에 주의를 기울이지 마십시오. 항상 오직 한 가지만 생각하십시오. '신이 나의 심판자이다. 나는 신에게 떳떳할 수 있는가?' 이것이 우리 인생의 척도가 되게 하십시오. 그러면 우리는 빗나가지 않을 것입니다. 인간은 자신의 두 발로 서야 합니다. 중요하게 생각해야 할 것은 단 한 가지, 내가 무엇을 하든 그것은 나의 빛을 따른 것이 되어야 한다는 것입니다.

스승들은 우리의 성장에 도움이 되기도 하나, 다른 한편 의존심
을 길러주는 점에서 자립심을 해치게 될 수도 있지 않을까요?

스승은 절대적으로 도움이 됩니다. 그들은 우리에게 길을 암시해
줍니다. 그러나 그들에게 매달리지는 말 것입니다. 추종은 집착이지
요. 그것은 이해가 아니라 두려움에서 나온 것입니다. 추종자가 된
사람은 길을 잃고 맙니다. 일단 추종자가 되면 더 이상 탐구하지 않
을 것이기 때문입니다.

그러나 많은 사람들이 탐구하기보다는 추종자로 살아가고 있습니
다. 가령 신에 대한 우리의 입장과 관련하여 생각해보면, 하등 그 어
떤 진지한 탐구도 없이 막연히 유신론자가 되어서 "신은 존재한다.
나는 신을 믿는다."고 말하거나, 혹은 무신론자가 되어서 "나는 신을
믿지 않는다. 나는 무신론자이다."라고 말합니다.

스승은 문 앞까지만 같이 간다. 두 경우 모두 특정한 이념을 따르
는 것입니다. 우리는 어떤 이념과 도그마에 몸을 담고 군중 속에 묻
힌 것입니다. 구도의 길은 철저하게 개인적인 것이며 위험으로 가득
차 있습니다. 우리는 홀로 나아가야 합니다.

이것이 구도의 아름다움입니다. 깊은 홀로 있음, 어떤 이념도 받아
들이지 않는 홀로 있음을 통해서만 지성의 불꽃이 환히 제 빛을 발합
니다. 홀로 있음 안에서만 눈이 뜨입니다. 구도의 길은 철저히 개인
적인 것입니다.

우리는 되도록 많은 스승의 가르침을 받고 그들을 따르고 싶을 것
입니다. 눈먼 장님처럼 무작정 따라가는 것은 아주 편하고 안락하기
때문이지요. 그러나 스승은 우리를 장님으로 만들기 위해 있는 것이

아닙니다. 그는 우리가 매달리는 것을 허락하지 않습니다. 그렇게 되면 그는 아무 도움도 되지 않을 것입니다. 그는 가까이 오는 것은 허용하되 매달리는 것은 허락하지 않습니다. 그는 그를 이해할 수 있는 온갖 가능성은 허용하지만 그를 믿는 것은 허용하지 않을 것입니다.

이것은 미묘하지만 실로 엄청난 차이가 있습니다. 그러므로 항상 깨어 있어야 합니다. 우리 마음은 스승에게 모든 책임을 전가하려는 경향이 있습니다. "나는 당신에게 귀의합니다."라고 말하는 경우가 그렇습니다. 우리의 귀의는 신뢰에서 나온 것이 아니라 두려움에서 나온 귀의입니다. 홀로 있는 것이 두렵기 때문에 귀의하는 것입니다.

그래서는 안 됩니다. 스승은 여행을 편하고 안락하게 만들려고 우리 곁에 있는 것이 아닙니다. 여행은 편하고 쉬운 길이 될 수 없습니다. 그것은 아주 험하고 어려운 길이 될 것입니다. 스승은 문 앞까지만 같이 갑니다. 문으로 들어갈 때에는 나 혼자 들어가야 합니다.

그러므로 구도의 전 과정에서 그는 우리에게 홀로 있을 수 있는 능력을 키워주어야 합니다. 그는 우리가 두려움을 떨치고 결단력 있는 사람이 되도록 돕습니다. 삶을 신뢰하십시오. 그 외에는 다른 신뢰가 필요 없습니다. 거듭 삶을 신뢰하십시오. 그러면 삶은 자연스럽게 우리를 궁극의 진리로 데려다 줄 것입니다.

삶의 강은 바다를 향해 흐르고 있습니다. 삶을 신뢰할 때 우리는 강을 따라 흘러갑니다. 우리는 이미 강 속에 있습니다. 그런데 강둑의 죽은 나뭇가지를 붙잡고 있거나, 또는 흐름을 거슬러 올라가려고 싸웁니다.

특정한 이념이나 도그마에 매달려 있으면 삶의 강이 우리를 데려 갈 수 없습니다. 모든 이념과 도그마를 버려야 합니다. 삶이 유일한 경전입니다. 삶을 신뢰하고, 삶의 강물이 우리를 궁극의 바다로 데려가도록 겸허히 허용해야 합니다.

구도 수행에서 삶을 신뢰하고 홀로 서는 일의 가치는 아무리 강조해도 지나치지 않을 듯합니다.

지혜롭고 지성적으로 되기를 원한다면 우리는 어느 곳에도 의존하지 않고 스스로의 힘으로 존재해야 합니다. 혼자 힘으로 서야 합니다. 그 홀로 있음이 얼마나 커다란 축복인지, 홀로 있음은 우리를 사회의 족쇄에서 해방시키는 데 그치지 않고, 더 위대한 삶, 더 영원한 삶을 살 수 있는 자유를 줍니다. 우리는 반드시 독립해야 합니다. 우리는 우리 자신이 되어야 하는 것이지요. 스스로 홀로 우뚝 서지 않으면 안 됩니다.

성숙은 스스로 결정을 내릴 수 있는 이해력이다. 홀로 걷는 이가 홀로 진리를 만나게 됩니다. 진리는 언제나 개인적으로 성취하는 것입니다. 집단은 결코 진리를 성취할 수 없습니다. 붓다든 소크라테스든 진리를 성취할 때는 홀로일 때였습니다. 홀로 있는 것은 참으로 어려운 일입니다. 집단 속으로 들어가면 편안하지요.

하지만 집단의 일원이 되면 수없이 많은 어리석은 일들을 하게 됩니다. 많은 사람들이 한다고 해서 그것이 맞는 행동이라고 할 수는 없고, 실제로는 그 반대인 경우가 훨씬 더 많을 것입니다. 한 개인이 진리의 편에 있을 수는 있지만, 집단은 결코 진리의 편을 들지 않습니다.

진리를 알게 되는 사람은 누구나가 혼자 스스로의 힘으로 진리를 알 뿐입니다. 왜 그렇습니까? 집단으로 떼를 지어 진리의 경지에 이를 수 없기 때문입니다. 집단 속에 있다는 말은 문 앞에 서 있기만 한다는 말입니다. 우리가 내면의 방으로 들어가면 집단과 잡다한 세상사와 세상 사람들이 사라지고 오직 우리는 각각 홀로 남습니다. 이 크나큰 홀로 있음 속에서 마침내 우리는 진리와 만날 기회를 만나게 됩니다.

부모 또한 자식에게 힘이 될 뿐만 아니라 짐이 되기도 합니다. 현실적으로 부모와의 관계에서 자립심을 기르는 지혜에 대하여 생각해보고 싶습니다.

모든 사람은 다 어린 시절을 거치게 되어 있습니다. 우리는 갓난아이로 세상에 첫발을 내딛습니다. 태어나 몇 년 동안 어른들의 교육을 통해 어린아이로 훈련을 받습니다. 그리고 평생 어린아이 상태로 남아 있게 됩니다. 어린아이는 어른들의 모든 명령에 절대 복종하도록 키워집니다.

언제나 아버지와 같은 큰 사람에게 의존할 수밖에 없기 때문에, 해야 할 것과 하지 말아야 할 것에 대한 명령을 기다릴 수밖에 없습니다. 그래서 어른이 된 이후에도 무엇을 해야 하고, 무엇을 하면 안 되는지 알려 주는 사람을 찾게 되지요.

성숙은 스스로 결정을 내릴 수 있는 이해력을 말합니다. 스스로 두 발로 설 수 있는 힘, 그것이 성숙입니다. 하지만 그렇게 성숙한 사람은 드물어요. 부모들이 자녀들을 하나같이 망쳐 놓았기 때문이지요. 유치원, 학교, 대학 등 다들 자식들을 망쳐 놓을 준비를 하고 있어서 성숙한 사람이 아주 드물게 되었습니다.

사회는 성숙한 사람을 환영하지 않습니다. 성숙한 사람은 위험하거든요. 그는 자신의 존재로 당당하게 살려 하니까요. 그는 자신의 결정에 따라 행동하지, 다른 사람의 의견에 흔들리거나 다른 사람의 의견을 따라가지 않습니다.

또한 성숙한 사람은 체면이나 위신을 중시하지도 않습니다. 존경받고 싶어 하지도 않습니다. 오직 자신의 삶을 살아갈 뿐, 어떤 값을 치르더라도 자신의 삶을 내놓고 타협하지 않습니다. 모든 것을 희생할 준비가 되어 있지만, 결코 자신의 자유를 희생할 생각은 없습니다.

붓다는 부모와 선생들, 그리고 지도자들을 죽여야 한다고 말했습니다. 우리의 내면에서 끊임없이 아우성치는 사람들, 우리로 하여금 어른이 되지 못하게 막는 사람들, 유치하게 만드는 사람들, 항상 의존하게 만들고 독립적인 개체로 서지 못하도록 막는 사람들을 모두 죽여야 한다는 것입니다.

그러나 이는 진짜로 그들을 살해하라는 뜻이 아닙니다. 우리가 지고 다니는 부모에 대한 생각, 그것을 살해하라는 뜻입니다. 무슨 일을 하다가 갑자기 어머니의 목소리를 듣게 될 때가 있습니다. '안 돼, 하지 마.' 순간 우리를 멈추게 하는 어머니의 목소리가 들려옵니다.

마치 녹음테이프가 돌아가고 있는 것처럼 들려오는 그 목소리를 떨쳐버리기 위해서는 굉장한 용기가 필요합니다. 아무 지도자도 없이 자신의 목소리로 살아갈 준비가 되어야 합니다. 위험을 무릅쓰고 말입니다.

구도적인 삶에서 흔히 서른 살 전후를 중요한 시기라고 합니다. 여기에는 어떤 근거가 있는지요?

많은 성인들이 이 시기에 큰 전환의 기회를 맞는 것을 볼 수 있습니다. 짜라투스트라, 노자, 장자, 예수도 스물여덟 살부터 서른다섯 살 사이에 더 높은 차원을 향해 큰 걸음을 내디뎠습니다. 그들은 사람들에 의해 방해받지 않기 위하여 그리고 온갖 소란스러움과 혼잡을 피하여 산으로 들어갔습니다. 그리하여 홀로 있음에 몰입했습니다.

그것은 삶에 반대한 것이라고 하기보다 가장 위대한 정신적 절정의 경험을 발견할 수 있는 조용한 장소를 원한 것이라 할 수 있습니다. 이렇듯 서른 살이라는 나이는 평범한 나이가 아닙니다. 모든 위대한 탐구자들은 스물여덟 살에서 서른다섯 살 사이에 구도의 길을 떠났습니다. 이 시기는 정신적 추구의 본격적인 출발선에 서는 때인 것입니다.

수평적 삶에서 수직적 삶으로 사람의 나이 서른 무렵은 그간의 경험과 좌절을 통하여 새로운 세계에 대한 열망이 고조됨으로써, 수평적 삶에서 수직적 삶으로 비약하려는 몸부림이 일기 쉬운 때입니다.

수직 방향은 침묵과 지복, 환희를 담고 있고, 수평 방향은 손과 노동, 세상을 담고 있습니다. 수평선상에서 보면 삶은 고통과 괴로움, 질병과 노화일 뿐입니다. 사람들은 하늘처럼 넓은 의식에 대해서는 까맣게 잊어버린 채 비좁은 육체 안에 갇혀서 아등바등 살아갑니다.

수직적 삶이란 결코 세상을 등지고 버리는 것이 아닙니다. 단지 우리가 곧 세상이라는 동일시를 버리고 세상이 덧없다는 것을 깨닫게 되면 여태까지 몰입했던 중요성이 사라지게 됩니다. 세상을 버리고 산속이나 절로 도망치라는 뜻이 아닙니다.

어디에 있든 상관없이 내면의 삶을 살아가기 시작한다는 뜻입니다. 과거의 우리가 외향적이었다면 이제 내향적으로 바뀌게 됩니다. 빛 한 줄기가 수평적인 삶의 어둠을 향해 수직으로 꽂히면서 깨달음의 첫 새벽이 밝아옵니다.

수평선상에는 오직 거지들만이 존재합니다. 거지들은 하나같이 더 많이 더 많이, 이렇게들 외치면서 몰려갑니다. 무엇으로도 그들의 동냥그릇을 채울 수 없습니다. 설사 동냥그릇이 채워지더라도 그들의 욕심은 끊임없이 더 많은 것 더 높은 것을 달라고 외칩니다. 원하던 것을 획득하면 잠깐 동안 만족감을 느낄 수는 있지만, 다음 순간 똑같은 절망에 사로잡혀 곧 다시 더 많이 더 많이를 외치게 됩니다.

수직선상에 사는 사람은 구도의 길을 가는 사람입니다. 깨어있는 의식으로 살아가는 사람입니다. 내면이 텅 빈 채 순수함으로 가득한 사람입니다. 이런 사람만이 우주와 화음을 맞출 수 있습니다. 우주와 화음이 맞춰지면 내가 사라지고 우주와 내가 하나가 됩니다. 이런 상태가 되면 무엇 하나를 더 얻기 위한 정복 전쟁은 진정 무의미해집니다.

마흔 살에는 흔들리지 않았다

공자는 서른 살에 확고한 자세로 구도에 정진하기 시작하였음에도 마흔이 되기 전까지는 여러 유혹에 흔들리기도 한 듯합니다. 구도적 자세로 살려 한다면 일상의 삶에서 유혹들을 어떻게 극복해야 합니까?

무엇이나 마찬가지지만 특히 도를 구하고자 한다면 미지근한 태도로는 안 되겠지요. 구하든지 구하지 말든지 둘 중의 하나를 택해야 합니다. 미지근한 정신으로는 아무것도 안 됩니다. 그것은 순전히 에너지의 낭비일 뿐입니다. 진실로 구하고자 한다면 거기에 전적으로 몰입해야 합니다. 만일 이런 열정이 없다면 깨끗이 잊고 세상으로 돌아가는 것이 좋습니다.

도를 깨닫기 위해 자신을 완전히 내던질 준비가 되어 있지 않다면, 전심전력으로 매진할 각오가 되어 있지 않다면, 아직 세상에 대한 미련을 버리지 못한 것입니다. 세상은 항상 우리를 유혹하고 있습니다. 세속적인 욕망이 우리를 따라다닙니다.

여전히 부자가 되고 싶고 권력자가 되고 싶습니다. 우리 안에는 항상 탐욕이 꿈틀거리고 있지요. 진짜 보물은 밖이 아니라 안에 있다는 것을 아직 깨닫지 못하고 있다면 세상 속으로 뛰어드십시오. 모호한 태도로 임하지 마십시오. 그것은 가장 위험한 태도입니다.

만약 절반은 도를 추구하고 절반은 세속적인 욕망을 추구한다면 둘 다 놓치고 말 것입니다. 도가 끼어들어 우리가 세상에 적응하는 것을 방해할 것입니다. 또한 내적인 탐구에 매진할 수도 없을 것입니다. 세속적인 욕망이 끊임없이 유혹의 손길을 뻗어 올 것이기 때문입니다. 이렇게 어중간한 상태에 머물 필요가 없습니다.

아직 세상에 대한 미련이 남아 있다면, 아직도 거기에 무엇인가 얻을 만한 것이 있다고 느낀다면, 세상 속으로 뛰어 들어가는 것이 좋습니다. 거기서 우리는 절망하게 될 것입니다. 이것은 방황과 일탈이 조금 더 필요하다는 의미일 뿐 하등 잘못은 없습니다.

빨리 온몸을 던져 뛰어드십시오. 그래야 세상사를 더 빨리 마무리 지을 수 있습니다. 그 다음에야 성숙할 수 있습니다. 그때 비로소 에너지 전체가 우리의 내면으로 방향을 틀게 됩니다. 외부 세계에 절망함으로써 에너지가 안으로 흐르기 시작할 것입니다.

그러나 사람들은 교활하기 짝이 없어서, 동시에 두 세계를 모두 원합니다. 그리하여 잔꾀를 부리려 합니다. 하지만 이는 어리석음을 증명할 뿐입니다. 이런 영민함은 지성과 거리가 멉니다. 미지근한 태도로는 아무것도 얻지 못합니다. 무엇인가 얻기 위해서는 강렬하고 전체적인 자세가 필요합니다. 그러면 투쟁은 단 한 순간에 끝날 수도 있습니다.

공자가 현혹되지 않았다는 것은 우리가 유혹과 싸워 이를 극복하는 것과 어떻게 다릅니까?

중국에 나이 든 한 여인이 있었습니다. 그녀는 스무 해 넘도록 어느 승려를 보살펴 주었습니다. 승려를 위해 암자를 짓고 음식을 공양했습니다. 어느 날 그 여인은 승려의 수행이 어느 정도 진전되었는지 알고 싶었습니다. 그래서 한 소녀를 불러서 "가서 갑자기 그 승려를 껴안고 이 순간 기분이 어떤지 물어보아라."하고 말했습니다. 소녀는 승려에게 가서 그를 껴안았습니다. 그리고는 기분이 어떤지 물었습니다.

"한겨울 늙은 고목이 바위틈에서 자라니 어디에도 온기가 없구나." 승려의 대답이었습니다. 소녀는 돌아와 승려가 한 말을 전했습니다. 나이 든 여인은 화를 내며 소리쳤습니다. "그런 엉터리를 스무 해 넘도록 먹여 살렸다니. 그 녀석은 내가 무엇을 원하는지, 어떤 기분인지 전혀 헤아리지도 못했다. 너의 정열에 맞추어 줄 필요는 없겠지만 적어도 자비심은 느껴야지." 그리고는 암자로 달려가서 그곳을 불태워버렸습니다.

깨어서 바라보며 사는 삶 여기에는 세 가지 가능성이 있습니다. 첫째는 유혹의 희생물이 될 수 있습니다. 수행에 대해서는 다 잊어버리고 이 소녀와 사랑을 나눌 수 있습니다. 그러나 유혹을 뿌리치는 데는 다시 두 가지 차원이 있습니다.

첫 번째 가능성은 차가운 상태로 남아 있는 것입니다. 자신을 통제하고 소녀에 대해 어떤 자비의 마음도 보이지 않는 것입니다. 유혹당하지 않기 위해 스스로를 엄격하게 붙잡고 있는 것이지요. 두 번째는 사랑과 이해, 자비로 가득 채워졌을 가능성입니다. 그렇다면 이 소녀를 이해하려 하고, 도우려 할 것입니다. 소녀는 이러한 가능성에 대한 시험이었습니다.

첫 번째 경우라면 승려가 되는 보통의 기준은 갖추었지만 궁극적 기준에는 미치지 못합니다. 그는 습관을 통해 행위를 통제한 것뿐입니다. 파블로프는 인간이나 동물에게 의식이 존재하지 않는다는 이론을 세웠습니다. 모든 행위가 마음의 기계적인 작동에 의해 이루어진다는 것이지요.

마음이라는 기계장치에 조건을 부여하면 조건화된 방향으로 움직이게 되거든요. 습관의 문제일 뿐입니다. 마음은 조건화된 습관대로 반응합니다. 파블로프는 사람도 이런 식으로 변한다고 주장합니다.

성욕이 생기면 스스로를 벌합니다. 몇 끼를 굶기도 하고 추운 곳에 나가 밤 내 서있기도 합니다. 자신을 때리고 채찍질하기도 합니다. 그러면 육체는 서서히 교묘한 술책을 익힙니다. 성욕이 생기면 자동으로 억압합니다. 벌이 두렵기 때문이지요. 상과 벌을 통해서 스스로의 마음을 길들입니다.

이 승려도 그렇게 했던 것이 틀림없습니다. 사람들은 대부분 다 그렇게 하지요. 사원에 있는 많은 사람들이 그렇습니다. 자신의 몸과 마음을 새롭게 길들이는 것입니다. 그러나 공자의 입장은 이에서 한 걸음 더 나아가 그의 의식과 관계됩니다.

의식은 새로운 습관이 아닙니다. 깨어서 바라보며 삶을 사는 것이지, 새삼 새로운 습관에 길들여지는 것이 아닙니다. 깨어서 바라보는 것은 매우 어렵지만 통제하는 것은 쉽습니다. 습관을 들이면 됩니다. 습관을 들이면 그 습관이 우리를 사로잡습니다. 그 다음에는 걱정할 일이 없습니다. 습관대로 살아가면 됩니다. 모든 것이 자동으로 이루어지고 우리는 로봇처럼 생활할 수 있습니다.

부처님처럼 보이겠지만 결코 부처가 되지 못합니다. 그저 죽어 있는 불상이 될 뿐이지요. 자비심 대신 무감각이 자리 잡습니다. 자비는 열정이 전환된 상태이나, 무감각은 열정이 사라진 상태입니다. 수도사들은 무감각해져 있으며, 우둔하고, 어리석고, 빛을 발하지 못합니다. 닫혀 있고, 두려워하며 끝없이 불안해합니다. 스스로를 통제하는 사람들은 언제나 불안합니다. 내면 깊은 곳에 혼란이 숨어 있기 때문입니다.

통제하지 않고 물 흐르듯 살아가는 사람은 불안을 느끼지 않습니다. 일어날 일은 일어나게 놓아두므로 불안하지 않은 것입니다. 그러나 수도사들은 모두 불안해합니다. 어쩌면 사원 안에서는 그다지 불안을 느끼지 않을 것이나, 바깥세상으로 데려다 놓으면 그들은 매우 불안해합니다. 한 걸음 한 걸음마다 유혹이 도사리고 있기 때문입니다.

진심으로 도를 구하는 사람은 어떤 유혹도 남지 않은 지점까지 가야 합니다. 유혹은 외부에서 오는 것이 아닙니다. 유혹은 억압된 욕망이며, 억눌린 에너지입니다. 억압된 분노와 섹스, 그리고 억눌린 탐욕이 유혹을 만듭니다. 유혹은 내면에서 비롯됩니다. 바깥세상과는 관계가 없습니다. 악마가 와서 유혹하는 것이 아닙니다. 악마의 모습으로 다가오는 것은 억눌린 우리 마음입니다. 억압된 욕망이 다시 고개를 드는 것이지요. 마음을 통제하면 사람은 차갑게 굳어버리고 삶의 에너지가 전혀 흘러들지 않습니다.

아담이 뱀에게 당한 유혹의 이야기는 인류가 제일 먼저 그리고 가장 크게 당한 유혹이라는 점에서 유혹과 관련한 논의에서 빼놓을 수 없을 것 같은데, 그 상징성이 던지는 메시지는 무엇입니까?

아담의 이야기는 참으로 심오합니다. 그러나 그 의미를 바로 이해하기는 쉽지 않습니다. 공자가 마흔 살에 불혹하였다는 것도 이와 관련하여 생각해 보면, 좀 더 보편적 입장에서 깊이 이해할 수 있을 것입니다.

신이 아담에게 말했지요. "이 정원에는 두 가지 나무가 있는데, 하나는 생명의 나무고 다른 하나는 지식의 나무다. 이 정원의 모든 과실들을 먹어도 되지만, 지식의 나무 과실은 먹지 마라." 아담은 무척 호기심이 강해서 뱀은 그를 유혹할 수 있었습니다.

아담은 지식의 나무 과실을 따먹도록 유혹받고 그 과실을 먹음으로써 지식인이 되었지요. 곧 벌거벗고 있다는 것을 감지하고 부끄러움을 느끼기 시작했어요. 그전까지 그는 순진했었습니다. 천진함은 본래적이며 절대적이고 본능적입니다. 그는 자신이 벌거벗고 있다는 것을 알아채지 못했으니까요.

그러나 이제 에고가 생겨났습니다. 그는 두리번거리게 되었고, 자신이 아름다운지 아닌지를, 벌거벗고 있는 것이 옳은지 아닌지를 판단하기 시작했습니다. 그는 자신의 육체에 대해 알아채고, 처음으로 자기를 의식하게 되었습니다. 그때까지는 전혀 자기를 의식하지 않았었지요.

의식이 없었던 것이 아니라, 의식이 있었음에도 그 의식 안에 자기가 없었던 것이지요. 그때 그의 의식은 맑았으며 티끌 하나 없이 깨끗했습니다. 순수한 빛이었습니다. 그런데 갑자기 그 의식 가운데 자기가 어둠의 기둥처럼 버티어 서기 시작했습니다.

이 이야기는 아담이 추방되었다고 말하고 있습니다. 사실 신은 아담을 추방할 필요가 없었습니다. 아담은 지식의 나무 과실을 따먹음으로써 스스로 떠나버렸습니다. 우리가 우리 자신을 의식하기 시작하는 순간, 삶이 우리에게 부어주는 아름다움으로부터, 축복과 즐거움과 행복으로부터 우리는 추방됩니다.

그런데 생명의 나무에 대해서는 아무런 이야기도 없습니다. 아담이 먼저 생명의 나무 과실을 먹고 난 다음에 지식의 나무 과실을 먹었다면 추방되지 않았을 것입니다. 만일 지식이 삶을 통해서 얻어지고 경험을 통해서 얻어진다면 추방은 없었을 것입니다.

그러나 자신의 경험을 통해서 얻어지지 않았으며 불로소득으로 얻은 지식은 불완전한 것으로 가짜입니다. 그것은 빌려온 것이지 그 자신의 것이 아닙니다. 자신의 경험을 통해서 얻어질 때 그것이 진짜이며 즐거움을 더해 줍니다. 아담은 순서를 바꾸어 먹었습니다.

지식은 두 가지 방법으로 올 수 있습니다. 우리는 다른 것들로부터, 즉 책이나 사람들, 사회로부터 지식을 얻을 수 있습니다. 그리고 그것을 우리 것처럼 주장할 수 있습니다. 그러나 그때 우리는 추방됩니다. 앎을 향한 그릇된 접근이 장벽이 되는 것이지요.

앎은 다른 방법, 경험을 통해서, 삶을 통해서 얻어질 수 있습니다.

먼저 생명의 나무 과실을 먹어야 합니다. 그러면 앎은 가만히 우리 영혼에서 일어납니다. 만일 우리가 경험 속에 뛰어든다면 에고가 생겨나지 않기 때문입니다. 삶을 경험할수록 자아는 적어집니다. 언젠가 삶을 그 전체 속에서 알게 될 때, 우리는 자신을 존재로부터 분리된 것으로 여기지 않습니다. 전체와 더불어 하나가 됩니다.

어린아이 같은 자만이 축복받은 바보다. 모든 아이는 지식의 나무 열매를 먹어야 합니다. 아이들은 너무나 단순하므로 일단 복잡해져야 합니다. 그것은 성장의 일부입니다. 모든 아이는 단순한 어리석음에서 복잡한 어리석음으로 가야만 합니다. 복잡한 어리석음에는 등급이 있습니다. 어떤 사람은 겨우 입학했을 뿐인데, 어떤 사람은 졸업을 했고, 어떤 사람은 대학원생이며 어떤 사람은 박사입니다.

아는 것의 유혹이란 대단한 것이어서 어린아이는 지식의 맛을 보게 될 수밖에 없습니다. 어떤 것을 미지의 것으로 방치해 두는 것은 위험한 일입니다. 지식으로서만 그 위험을 극복할 수 있으므로 우선 알아야 합니다. 모르면서 어떻게 극복할 수 있겠습니까?

그러므로 첫 번째 유형의 바보는 두 번째 유형의 바보가 되지 않을 수 없습니다. 그러나 두 번째에서 세 번째로의 변화는 일어날 수도 있고 일어나지 않을 수도 있습니다. 그것은 필연적인 것이 아닙니다. 세 번째 유형의 바보는 두 번째 유형의 어리석음이 크게 짐스러워질 때에야 될 수 있습니다.

사람은 지식을 너무 많이 가지고 있어서 그는 온통 머리가 되어버리고, 모든 감수성과 자각과 모든 살아있는 것을 잃어버리고 맙니다. 그가 깨닫는 날, 그는 모든 것을 버릴 것입니다. 그러면 그는 세 번째 유형의 바보, 곧 축복받은 바보가 됩니다. 그러면 제이의 어린 시절을 맞이합니다. 다시 어린아이가 됩니다.

예수는 말합니다. "하느님의 나라에서는 어린아이 같은 자들만이 환영받을 것이다." 그러나 그는 어린아이 같은 자라고 했지 어린아이라고 말하지 않았습니다. 어린아이들은 하늘나라에 들어갈 수 없습니다. 그들은 우선 세속적인 과정을 거쳐야 합니다. 그들은 일단 세상에 들어갔다가 깨끗해져야 합니다. 그 과정은 절대로 필요한 것입니다.

여기서 '같은'이란 단어는 매우 중요합니다. 그것은 어린아이가 아니면서도 어린아이 같은 사람을 의미합니다. 어린아이는 성자입니다. 그들이 성자인 것은 단지 그들이 아직 죄의 유혹을 경험하지 않았기 때문입니다.

그들의 성자적인 속성은 단순한 것입니다. 그것은 그들이 노력해서 얻은 것이 아니며, 아직 그것에 대항할 만한 유혹을 겪어보지 않았으므로 별로 가치가 없습니다. 유혹은 조만간에 닥쳐옵니다. 수많은 유혹이 있을 것이며, 어린아이는 여러 방향으로 끌려갈 것입니다. 만일 그가 끌려가는 것을 억압한다면 그는 언제나 첫 번째 유형의 바보로 남아있게 될 것입니다.

우선 그는 지식을 획득해야 합니다. 죄를 지어야 합니다. 죄를 짓고, 지식을 획득하고, 신의 명령을 어기고 거친 세상에 뛰어들어 타락하여 자아의 삶을 산 이후에야, 어느 날 마침내 그 모든 것을 버릴 수 있게 됩니다.

모든 사람이 그것을 버리는 것이 아닙니다. 모든 어린아이들은 첫 번째의 어리석음에서 두 번째의 어리석음으로 이동합니다. 그러나 두 번째에서 세 번째로 옮겨가는 것은 소수의 축복 받은 자들만이 할 수 있습니다. 그래서 그들은 축복 받은 바보라 불리는 것입니다. 공자도 바로 이에 해당하는 인물 중의 한 사람이라 볼 수 있습니다.

불혹의 삶이란 극히 일부 깨달은 이들에게나 가능하고, 많은
보통사람들의 삶은 온통 미혹의 연속입니다. 그러면서도 나이
사십이 되면 으레 불혹의 나이라 하는 관습이 있습니다. 이런
언어 유희는 재고해 봐야 할 듯합니다.

나이 사십을 제대로 먹었다면 우리는 세상에서 아름다운 사람이
될 수 있습니다. 나이가 들면서 우리는 성인의 경지에 점차 가까이
다가갈 수도 있지요. 하지만 나이를 먹어가면서도 욕망이 그 자리에
그대로 있다면, 마치 땅 속 깊은 곳을 흐르는 물처럼 욕망이 남아 있
다면, 중년 이후의 삶은 혼란의 극치일 수밖에 없습니다.

불혹은 우리의 진정한 속성이 아니다. 많은 사람들이 나이와는 상
관없이 욕망의 포로로 남아서 고달프게 살아갑니다. 남자는 여자가
가는 곳이라면 어디든지 따라가고 여자는 남자가 가는 곳이라면 어
디라도 따라가며, 삶의 모든 것은 이런저런 욕망을 쫓아다니는 놀이
에 불과합니다. 결국은 아무 것도 이루지 못하고 헛된 꿈으로 끝나
버립니다. 헛된 꿈만을 산더미처럼 쌓아 갈 뿐, 가치 있는 무엇 하나
이루지 못합니다.

돈이 유혹합니다. 권력이 유혹합니다. '나는 왜 이런 것들을 쫓아
다니지 않으면 안 될까?' 이런 자문 한 마디 없이 우리는 그냥 뛰어다
니고 있는 것이지요. 사실 사회 전체가 뛰고 있기 때문에 그 병이 모
든 이들에게 전염되고 있습니다.

모든 사람들이 뛰어가고 있습니다. 권력을 잡으려고, 이름을 얻기

위해서, 돈 때문에, 이 세상의 잡다한 것들을 움켜쥐려고 모든 사람들이 숨 가쁘게 뛰어다닙니다. 평생을 이런 삶의 회오리바람에 휘말려 곤두박질칩니다.

모두가 확고한 소견 없이 남을 따라 가며, 그 결과에 대해서 잘못되면 또한 남 탓만 합니다. 아담이 에덴동산에서 쫓겨난 이야기 속에서도 이런 일이 일어납니다. 아담은 이브에게 책임을 미룹니다. 아담은 "이브가 나를 유혹하여 그 과일을 먹게 하였다."고 말합니다. 물론 이브도 "나는 아무 짓도 하지 않았다. 뱀이 시킨 것이다."라고 말합니다. 그러나 뱀은 아무 말도 할 수 없으며, 이야기는 여기에서 끝납니다.

그러므로 뱀만 있으면 만사가 순조로워집니다. 불쌍한 뱀! 모든 사람들은 서로 다른 사람들에게 그 책임을 미루려고 합니다. 만약 뱀이 말을 할 수 있었다면 그 또한 이렇게 말했을 것입니다. "신 때문이다. 그가 그런 짓을 하도록 나를 만들었기 때문이다."

우리는 그것을 하지 않았다고 발뺌을 하면 됩니다. 누군가가 우리로 하여금 그렇게 하도록 영향을 주었다고 말입니다. 논리는 계속해서 수단과 방법을 찾습니다. 그리고 더욱 더 강한 논리로 무장을 합니다.

우리 자신을 희생된 제물처럼 여기는 것은 어리석은 마음의 속임수일 뿐입니다. 자신 이외에는 아무도 우리 길을 방해하고 있지 않으며, 자신 이외에는 아무도 우리를 구하지 못합니다. 그러니 책임을 저버리지 마십시오.

스스로 모든 책임을 지십시오. 오로지 그것을 받아들임으로써만이 자신은 성숙해질 것이기 때문입니다. 그러면 나이 들면서 그 모든 유치한 욕망들이 정말로 유치하다는 사실을 알게 되고, 젊은 시절에 겪었던 혼돈과 미혹이 이미 사라지고 없음을 알게 됩니다.

나이 사십이면 폭풍이 지나가고 침묵만 남아 있는 상태라 할 수 있습니다. 장엄한 아름다움과 깊이 그리고 풍요로움으로 가득한 침묵 말입니다. 우리가 진정으로 성숙한 사람이라면 아주 드물게 일어나는 일이기는 하지만, 불혹의 성숙한 인간이 될 수 있습니다.

하지만 사람들은 대개 나이만 먹어갈 뿐 성장하지 않습니다. 그러면서도 나이 사십이면 으레 불혹의 상태 가까이 이르게 되려니 생각하는 것은 미혹한 존재임을 드러낼 뿐입니다. 대부분의 사람들에게 마흔 살과 불혹의 상태는 아무 상관이 없습니다. 도리어 나이를 먹을수록 더욱 미혹해질 수도 있습니다. 불혹은 우리의 진정한 속성이 아닙니다. 이는 공허한 언어일 뿐입니다.

공자에게는 그것이 진실이었지만 이제 그것은 아무 의미도 없는 하나의 말장난에 불과한 것이 되고 말았습니다. 거기에는 어떠한 실체도 담겨있지 않습니다. 그것은 단지 기계적이고, 전략적인 언어일 뿐입니다. 그것에 대응하는 실체는 전혀 없습니다. 이는 말의 공허한 헛발질일 뿐입니다.

사람들은 단순히 헛되이 먹은 나이를 지칭하면서 이 엄청나게 깊은 의미를 지닌 단어를 도용하고 있는 셈이지요. 하지만 우리들 내면을 유심히 관찰한다면, 어디에서도 그것을 발견하지 못할 것입니다. 역설적으로 참으로 불혹의 경지에 오른 사람이라면 자신이 불혹의 상태에 놓인 것을 평소 생각으로 떠올리지도 않을 것입니다.

중요한 것은 우리가 어떻게 그 많은 유혹들을 물리치면서 깨어 있는 정신으로 사느냐 하는 것입니다. 그 근본적인 방도에 대해서 말씀해 주시기 바랍니다.

우리를 유혹하는 악마는 존재하지 않습니다. 우리를 유혹하는 것은 우리 자신의 마음과 욕망입니다. 마음을 비우고 욕망을 초월하면 그 어떤 것도 우리를 잡아당길 수 없습니다. 이는 마음이 파괴되어야 함을 의미하지 않습니다. 단지 치워 두었다가 필요할 때만 꺼내 쓰라는 것입니다. 그것은 차를 차고에 넣어두는 것과 같아서, 차가 필요하면 우리는 차고에서 차를 꺼내 올 수 있습니다. 그때 우리는 마음의 주인이 됩니다.

그러나 대개 정반대의 상황이 벌어져 왔습니다. 차가 차고에 들어가지 않겠다고 고집을 부리는 것입니다. 차는 말합니다. '나는 멈추지 않겠어. 당신은 나와 함께 달려야 해.' 그리고는 계속 달립니다. 어린 시절 처음으로 마음이 움직이기 시작하면 죽기 전에는 절대로 마음은 멈추지 않습니다. 오직 명상을 체험한 극소수의 사람만이 마음이 멈춥니다. 그리고 그들은 문득 마음의 구름 뒤에 숨어 있던 태양을 알게 됩니다.

욕망은 충족 불가능한 것, 자유의 발견이 목표 마음은 모든 사물을 대립적인 시각으로 바라봅니다. 이것은 저것과 반대라는 것입니다. 마음은 밤과 낮은 전혀 별개의 것이라고 생각합니다. 그러나 그렇지 않습니다. 낮과 밤은 하나입니다. 낮이 밤이 되고 밤이 낮이 되는 것입니다. 우리는 행복을 붙들고 불행은 피하고 싶어 합니다. 하지만 행복과 불행은 동전의 양면입니다.

그래서 우리는 당혹스러워 하고 혼란스러워 합니다. 이런 혼란스러움은 우리 마음 때문입니다. 세상 때문이 아닙니다. 마음이 사물을 바라보는 시각에 문제가 있습니다. 마음의 시각은 부분적이고 불완전하며 편파적입니다. 전체를 한눈에 바라볼 수 있을 때 우리는 세속의 유혹으로부터 해방됩니다.

붓다는 말합니다. "나의 탐구는 지복에 대한 것이 아니다." 지복에 대해 말하는 순간 사람들은 쾌락을 생각하기 시작할 것이기 때문입니다. 지복에 대해 말하는 것은 위험합니다. 사람들은 틀림없이 오해할 것입니다. 그래서 붓다는 말합니다. "나의 탐구는 자유를 위한 것이다."

자유라는 말은 말할 수 없이 중요합니다. 에고로부터의 자유, 마음으로부터의 자유, 욕망과 모든 한계로부터의 자유. 내면의 여행에 있어서 붓다는 매우 과학적입니다. 붓다는 만일 우리가 내면에 우리의 의식이 완전히 자유로울 수 있는 공간을 창조한다면, 그때엔 모든 것이 성취된다고 말합니다. 진리가 성취되고 지복이 성취됩니다. 이는 오직 자유 안에서만 모든 것이 가능함을 의미합니다.

자유는 끊임없이 욕망하는 마음에서 벗어나는 것을 의미합니다. 욕망을 버리면 슬픔은 자동적으로 사라집니다. 슬픔은 욕망의 그림자이기 때문입니다. 욕망이 많을수록 우리는 더 절망합니다. 지금까지 어떤 욕망도 충족되지 않았기 때문입니다. 욕망은 충족될 수 없습니다. 우리가 무능해서 욕망을 이루지 못하는 게 아니라, 욕망의 본성 자체가 충족 불가능한 것입니다.

욕망은 계속해서 거대해집니다. 처음에 우리는 백만 원을 요구합니다. 백만 원을 가졌을 때 욕망은 우리를 앞질러 갑니다. 이제 욕망은 천만 원을 요구합니다. 이렇게 욕망의 성취는 우리를 유혹하면서 평생을 낭비하게 합니다. 사람들은 태어날 때와 마찬가지로 어리석은 상태에서 죽습니다. 세상의 모든 것을 손에 넣어도 불만은 전보다 더 심해질 것입니다.

자유를 발견하는 것이 목표입니다. 이는 자신의 주인, 의식의 주인이 되는 것에서 출발해야 합니다. 그것이 첫 단계입니다. 우리는 아직 우리 의식의 주인이 아닙니다. 수많은 욕망과 생각, 상상의 노예입니다. 우리는 이리저리 끌려 다닙니다. 자신이 누구인지, 어디로 가고 있는지 알지 못합니다. 그러니 어떻게 자신의 주인이 될 수 있겠습니까.

우리가 주인이 되기 위해서 첫 번째로 해야 할 일은 자신의 행동과 생각에 대해 좀 더 의식적이 되는 것입니다. 무의식은 노예이며, 의식이 주인입니다. 마음은 매우 교활합니다. 에고의 게임은 어찌나 교활한지 끊임없이 경계하지 않는, 한 그 유혹에서 벗어나지 못할 것입니다.

나이 사십이 되면 자신의 얼굴에 책임을 져야 한다는 말이 있습니다. 이는 사십 불혹과 일맥상통하는 것이 아닐는지요?

아브라함 링컨의 말이지요. 그는 유명한 정치인일 뿐만 아니라 뛰어난 통찰력의 소유자였지요. 그에 관한 다음과 같은 일화가 전합니다.

그가 대통령이 된 뒤 내각 구성을 위해 필요한 사람들을 선택할 때 비서관에게서 어떤 사람을 추천받았습니다. 그 사람 이름을 듣자 링컨은 당장에 거절했습니다. 그 이유를 묻자 링컨은 말했습니다. "나는 그 사람의 얼굴이 마음에 들지 않습니다."

이건 말도 안 되는 이유였습니다. 그래서 비서관이 반문했습니다. "하지만 그 사람은 자신의 얼굴 생김새에는 책임이 없지 않습니까? 얼굴이야 부모가 만들어 준 것이니 어쩔 수 없는 일 아닌가요?" 링컨이 말했습니다. "아닙니다. 뱃속에서 나올 때는 부모가 만든 얼굴이지만, 그 다음부터는 자신이 얼굴을 만드는 것입니다. 나이 사십이 넘으면 모든 사람은 자기 얼굴에 책임을 져야 합니다."

자기 얼굴에 책임을 져야 한다. 링컨의 말이 옳습니다. 절대적으로 옳은 말입니다. 마흔 살이 넘으면 우리는 자신의 얼굴에 책임을 져야 합니다. 얼굴은 우리가 살아오고 사랑하고 걱정해 온 모든 것의 종합입니다. 우리의 생각과 행동, 행동해 온 방식, 관계해 온 것들이 얼굴에 다 나타나 있습니다.

고통스런 삶을 살았는가, 행복한 인생을 살았는가, 얼굴에 다 그려져 있습니다. 얼굴은 바로 우리의 자서전입니다. 사십이 넘으면 자기 얼굴에 책임을 져야 합니다. 우리는 자신의 얼굴에 책임이 있습니다.

한 걸음 더 나아가 우리는 우리 영혼에 책임을 져야 합니다. 왜냐하면 우리들 각자는 자신이 삶에서 선택해 온 것의 총체이기 때문입니다. 고통스러운 삶이라도 그것은 우리가 선택한 것입니다. 깊은 어둠 속에 있더라도 우리가 선택한 결과입니다. 어둠 속에서 벗어나지 않으면 신에게 가까이 갈 수가 없습니다. 신이 멀리 있기 때문이 아닙니다. 신은 언제나 가까이 있습니다. 다만 도움을 줄 수 없을 뿐이지요.

불혹이 내면의 특성이라면, 그것이 외부로 가장 잘 들어나는 곳이 얼굴이라 할 수 있습니다. 그래서 흔히 얼굴을 그 사람의 진면목으로 여기는 것입니다. 그러나 모든 얼굴이 진짜 얼굴은 아닙니다. 아니 대부분의 사람은 가면을 쓰고 다니고, 원래의 얼굴을 보여주는 사람은 극히 드물지요. 우리는 진짜 얼굴을 볼 수 있는 눈을 갖기 위해 통찰력을 길러야 합니다.

얼굴은 매일 변하고, 마음도 수시로 변합니다. 삶은 흐름입니다. 그래서 반복되는 것은 아무것도 없으며 모든 것이 새로운데, 정작 우리는 고정된 방식으로 보기 일쑤입니다. 그것을 볼만한 눈을 갖도록 노력해야 합니다.

또한 자신의 진짜 얼굴을 갖고 살도록 힘써야 합니다. 자신의 내적 감각인 분별력에 따라 자신의 인생을 살게 될 때, 우리는 진짜 얼굴을 갖게 될 것입니다. 그때 우리는 어떤 외부의 작용에도 흔들리지 않고 현혹되지 않는 수준에 이를 것입니다.

사람들이 마흔 살이 넘어서도 많이 유혹을 느끼고, 또 자칫하면 이로 인해 인생을 망치기 쉬운 예로 돈 문제라든지 섹스 문제 같은 것을 들 수 있습니다. 이들의 유혹을 극복하는 문제에 대해서도 생각해 보아야 할 것 같습니다.

우리 삶에서 돈 문제나 성 문제는 매우 중요하면서 또한 매우 위태로운 문제에 속합니다. 돈은 너무 좋게 생각하는 것이 문제이며, 성은 너무 나쁘게 생각하는 것이 문제입니다. 이들에 대해서 바르게 이해하고 그 해악으로부터 벗어나야 할 것입니다.

돈은 훌륭한 교환 수단이며 매우 유용하지만, 그 이상의 것은 결코 아닙니다. 그것은 영혼도 아니며 신도 아니지요. 그러나 오늘날 세상에서 돈은 거의 유일신처럼 보입니다. 사람들은 마치 신을 섬기듯 돈에 매달립니다.

그러나 수많은 무리들과 경쟁하며 부를 쟁취하는 데서 오는 기쁨은 진정 건전한 기쁨이 아닙니다. 돈을 쟁취하면 기분이 좋다고 느낄 것입니다. 그러나 기분이 좋다는 것은 단지 기분이 좋은 것일 뿐, 삶에는 아무것도 꽃피지 않으며, 아무 희열도 없습니다. 비생산적일 뿐만 아니라 오히려 파괴적이기까지 하지요.

부의 초월 진정한 기쁨은 우리 스스로가 중심이 되고 바탕이 되어야 합니다. 돈의 유혹이나 그 고정관념에 사로잡히지 않도록 깨어 있어야 합니다. 그리하여 현명하게 기쁨 또한 아픔임을 깨닫고, 용감하게 군중에 휩쓸리지 않고 자신으로 살 것을 다짐한다면, 우리가 돈을 사용하지, 결코 돈이 우리를 사용하도록 허용하지 않을 것입니다.

부를 통찰하고 부를 직시할 수 있게 되면, 바로 그 순간 우리는 부를 초월합니다. 우리는 자신의 내부에 부를 초월하는 어떤 요소가 있음을 깨닫게 될 것입니다. 그러나 부에 현혹되고 집착한다면 항상 부의 지배 하에 놓여 노예처럼 살 수밖에 없습니다.

실리적인 마음이 마음의 전체라고 간주함으로써 더 순수하고 위대한 부분이 희생되는 일이 있어서는 안 됩니다. 그 나머지 부분은 사용되지 않은 잠재성, 경험되지 않은 모험으로 항상 존재합니다. 이 잠재성이 개화되도록 허용함으로써 비로소 진정한 기쁨을 느낄 수 있습니다.

깨달은 사람은 절대로 실리적인 마음을 목적으로 삼지 않습니다. 그것은 어디까지나 하나의 수단일 뿐입니다. 실리적인 것이 목적이 되면 그것은 하인이 주인 역할을 하는 셈입니다. 목적은 항상 타고난 잠재적 가능성의 개화로 귀착됩니다. 그때 우리는 비로소 생의 희열을 느낍니다. 이것이 자신의 생에 새로운 차원을 부여하는 것입니다.

각자 자신의 내면이 자신의 왕국입니다. 외부에 존재할 때 우리는 항상 거지일 수밖에 없습니다. 돈이 아무리 많다 해도 그 모든 겉치

레 뒤에는 거지가 숨어 있을 뿐입니다. 돈을 많이 모으면 모을수록 더 많이 원하며, 결코 돈에서 자유로울 수 없기 때문입니다.

우리가 내면으로 돌아설 때 그 거지는 사라집니다. 우리가 내면으로 들어가면 그때 난생 처음으로 진정한 왕이 됩니다. 예수는 전 생애에 걸쳐 이 내면의 왕국에 대해서 이야기했습니다. 예수의 말은 이 세계의 왕국, 혹은 이 세상의 권력과는 아무 상관도 없습니다. 그는 세상 저 너머의 세계에 대해 이야기했습니다. 그는 세속의 말을 상징적으로 이용했을 뿐입니다. 진정한 왕국은 우리 내부에 있습니다.

성을 두려워하지 말고 지성적으로 극복해야 한편 '성性'이라는 말은 지금까지 지나치게 금기시되고 비난을 받아왔습니다. 이제는 그 것을 진흙 구덩이에서 건져내어 정결하게 해야 합니다. 성은 그 자체의 무시무시한 아름다움을 지니고 있습니다. 성은 삶의 가장 심오한 신비 중의 하나이고, 이성 간에 끌리는 것은 극히 자연스러운 일입니다. 거기에는 아무것도 잘못된 것이 없습니다.

그러나 모든 사회는 섹스를 억압하고 섹스에 반대합니다. 그것이 인간에게 가장 커다란 에너지이기 때문입니다. 그것을 파괴할 방법은 어디에도 없습니다. 우리는 섹스를 비난하고 억압할 수도 있고, 그것을 이해하고 변화시킬 수도 있습니다. 그러나 후자는 멀고도 험한 길입니다. 그것은 엄청난 지성과 각성을 필요로 합니다. 왜냐하면 섹스는 우리 내부의 무의식의 힘이기 때문입니다.

우리의 의식적인 마음은 무의식적인 성적 에너지에 비하면 아무것도 아닙니다. 그래서 어느 순간 무의식이 자신을 점령해 버릴지도 모른다는 두려움이 생깁니다. 차라리 그것을 억압하는 편이 더 쉽게 느껴집니다. 무엇보다도 억압은 지성을 필요로 하지 않습니다. 어떠한 바보도 그것을 할 수 있습니다. 실제로 바보만이 그것을 합니다. 성욕을 억제하면 할수록, 그들은 더욱 어리석어집니다.

자연을 억압하는 것은 너무 어리석은 일입니다. 그래서 아무리 힘들어도 성의 유혹으로부터 벗어나기 위해서는 지성과 각성에 의존할 수밖에 없습니다. 현인들은 우리가 성적인 오르가즘의 핵심을 꿰뚫어볼 수 있다면, 성적인 유혹이 사라질 수 있다고 말합니다. 그리고 그 에너지는 더 높은 수준으로 올라간다고 합니다.

그러면 우리는 더 많이 사랑할 것이고 더 적게 성적으로 될 것이며, 마침내는 맑은 사랑의 불꽃만이 타오르고, 성의 연기는 모두 사라져버릴 것이라고 합니다. 요점은 성을 두려워하여 피하지 말고, 이에 정면으로 맞서 지성적으로 극복해야 한다는 것입니다.

성욕의 극복 한 수련에서는 성의 유혹에서 근본적으로 초월하기 위해서 남자는 알몸의 여자 앞에 앉아 진지하게 그녀를 지켜보라고 합니다. 속속들이 그녀를 지켜봐야 한다는 것입니다. 그러면 여자의 알몸을 보고자 하는 모든 욕망이 사라진다고 합니다.

놀라운 비법입니다. 그렇지 않으면 남자는 끊임없이 여자를 마음속에 둘 것입니다. 거리를 지나는 여자마다 옷을 벗기고 싶을 것입니다. 그러한 욕망이 거기 있는 것입니다.

그러나 어떤 사람이 알몸의 여인 앞에 앉아 있을 때, 우리 사회에서는 어떻게 생각할 것입니까? 각자 자신의 수준에 따라 해석할 것이나, 대부분의 사람들은 이렇게 말할 것입니다. "우리가 늘 원하던 짓을 하고 있군. 그보다는 우리가 낫지. 적어도 우리는 실행은 안 하거든. 물론 마음으로 가끔 상상은 하지만, 생각만 할 뿐이지 행동은 하지 않거든. 그는 타락했어."

이를 진지하게 받아들이기는 쉽지 않습니다. 그러나 이는 불가사의한 비법입니다. 여러 달을 함께 하며 지켜봅니다. 이 남자는 여자를 관찰할 것입니다. 모든 것을 바라볼 것입니다. 그가 원하는 무엇이든지 다 보고 명상할 것입니다. 그리고 마침내 그는 여자의 형상에서 벗어날 것입니다.

형상에서 벗어나는 유일한 길은 그것에 대한 유혹이 남지 않을 만큼 그것을 깊숙이 아는 것입니다. 이때 초월이 일어나고 그는 결코 다시는 알몸의 여자를 원하지 않을 것입니다. 마음 속에서뿐만 아니라 꿈 속에서도 그런 강박관념은 없을 것입니다.

어느 길을 지향하든지 우리는 늘 이런 저런 유혹에 빠지기 쉬운 위험에 놓여 있다고 할 수 있습니다. 과연 무사히 목적지까지 갈 수 있는 최선의 길을 찾을 수 있을지 모르겠습니다.

이런 이야기가 있습니다. 깊은 산골짜기에서 살고 있는 한 승려가 자기 스승에게 편지를 보내 승려 한 사람을 더 보내달라고 청하였습니다. 편지를 받고 스승은 제자들을 불러 모아 편지내용을 읽어주고 나서 이렇게 말했습니다.

"이 제자의 부탁대로 나는 너희들 중 다섯 사람을 보내고 싶다." 그러자 제자들이 말했습니다. "편지에는 한 사람만 있으면 된다고 하지 않았습니까? 어째서 다섯 사람이나 보내려고 하시는지요?"

스승이 말했습니다. "나중에 알게 될 것이다. 지금은 다섯 명을 보내지만 목적지에 도착하는 것은 결국 한 사람밖에 안될 것이다. 길은 멀고 유혹의 손길은 너무나 많기 때문이다." 제자들이 모두 웃으며 말했습니다. "우리 스승님이 드디어 노망이 드셨군! 한 사람만 필요하다는데 왜 다섯 명씩이나 보내려는 것이지?" 그렇지만 스승은 끝내 고집을 부려 다섯 명이 길을 떠났습니다.

제발 목적지를 잊지 말라. 다음날 아침 어느 마을을 지나가고 있을 때, 그 마을 족장이 사람을 시켜 이런 전갈을 보내왔습니다. "어저께 이 마을 제사장이 죽었기 때문에 제사장 역할을 해 줄 승려가 한 사람 필요하다. 대우는 아주 좋게 해주겠다." 그 마을은 무척 잘 사는 동네 같았습니다.

그래서 다섯 명 중 한 사람이 말했습니다. "나는 이 마을에 남고 싶소. 이것 또한 부처님의 일이기 때문이오. 꼭 그 골짜기에 가야만 하는 것은 아니지 않소? 여기에서도 똑같은 일을 할 것이오. 그리고 또 한 사람만 필요하다고 하지 않았소? 그러니 나는 여기에 머물러 있겠소." 이렇게 해서 한 사람이 떨어져 나갔습니다.

그 다음날 나머지 네 사람이 어떤 성 앞을 지나가고 있을 때 그 마을의 왕이 말을 타고 그들 곁을 지나가게 되었습니다. 왕은 그들을 바라보았습니다. 그들 중의 한 젊은이는 용모가 수려하고 또 건강해 보였습니다. 왕은 즉각 속으로 이 청년이야말로 자신의 딸과 천정배필이라 생각했습니다.

그래서 왕은 진지하게 말했습니다. "잠깐, 나는 내 딸과 결혼할 젊은이를 찾고 있소. 가만히 지켜보았는데 당신이 아주 적격인 것 같소. 어떠시오? 그 아이는 내 외동딸이라오. 결혼만 한다면 이 나라는 전부 당신 것이 되오." 젊은이는 그 말을 듣고 동료들에게 말했습니다. "잘 가시오." 그는 왕과 함께 떠났습니다. 두 번째 사람이 떨어져 나간 것입니다.

이제 나머지 세 사람은 늙으신 스승님의 말씀이 틀리지 않았다는 것을 깨닫게 되었습니다. 길은 멀고 주위엔 유혹의 손길이 너무도 많았습니다. 그래서 세 사람은 이렇게 결정했습니다. "그래도 우리는 그렇게는 되지 말자." 그들은 비록 내심으로는 한 친구는 왕이 될 것이고 다른 한 친구는 훌륭한 제사장이 되었다는 것을 질투하고 있었지만 겉으로는 그렇게 약속했습니다. 그렇지만 앞으로 어떤 일이 일어날지 누가 알겠습니까?

사흘째 되는 날 밤 그들은 길을 잃었습니다. 그런데 멀리 떨어진 언덕 꼭대기에 불빛이 보였습니다. 그들이 겨우 그곳에 도착하니 한 젊은 여인이 홀로 집을 지키고 있었습니다. 그 여자가 말했습니다. "당신들이 와서 무척 다행입니다. 부모님이 오늘 저녁에 돌아오시기로 되어 있었는데 아직도 안 오셨습니다. 마을에서 멀리 떨어진 이 집에서 혼자 있는 것은 너무도 무서운 일입니다. 그런데 이렇게 당신들이 찾아오셨으니 정말로 다행입니다. 당신들은 신이 보내신 선물입니다. 부모님이 돌아오실 때까지 저와 함께 있어 주세요. 부탁입니다."

다음날 아침 그들은 떠나야만 했습니다. 그런데 그 중 그 여인을 깊이 사랑하게 된 한 승려가 말했습니다. "이 여자의 부모가 돌아오기 전까지는 갈 수 없소. 이 여인을 내버려 두고 떠난다는 것은 자비롭지 못한 일이오." 문제는 자비가 아니었습니다. 그 순간의 감정이었지요. 사람들은 감정이 생길 때 자비를 이야기합니다.

다른 두 사람이 말했습니다. "그럴 순 없소. 다 같이 가기로 약속해 놓고 당신 혼자 떨어져 나가다니!" 그러자 그가 말했습니다. "나는 평생 동안 자비를 베풀라고 배워 왔소. 이 여인은 혼자 있는 몸이고 아직 부모님이 돌아오지 않았소. 혼자 놔두고 떠난다는 것은 옳지 못한 일이오. 만일 그대로 떠난다면 부처님이 나를 용서치 않을 것이오. 당신들이나 어서 가시오. 나는 여기에 남겠소." 이렇게 해서 세 번째 사람이 또 도중에 떨어져 나갔습니다.

남은 두 사람이 어떤 마을을 지나고 있을 때 사람들이 몰려들었습니다. 무신론자들이었습니다. 그들은 부처를 믿지 않았습니다. 사람들이 말했습니다. "부처가 말한 것이 옳다는 것을 이 기회에 어디 한 번 우리 앞에서 증명해 보시오." 둘 중의 한 승려가 그 도전을 받아들였습니다. 그러자 남은 한 사람이 말했습니다. "도대체 무슨 짓을 하려는 것이오? 그 논쟁이 얼마나 오랜 시간이 걸릴지 모르는 일이잖소?"

그가 대답했습니다. "평생이 걸린다 해도 꼭 저들에게 부처님 말씀이 옳다는 것을 증명해 보여야겠소. 나는 이미 부처님에게 인생을 바친 몸이오. 그런데 이 사람들이 지금 부처님의 가르침에 도전을 하고 있지 않소?"

그것은 부처에 대한 도전이 아니었습니다. 사실은 그 승려의 자존심에 대한 도전이었습니다. "나는 이 마을을 떠날 수 없소. 나는 이 마을을 개종시켜 부처를 믿게 만들고야 말겠소. 당신은 가도 좋소. 사실 한 사람만 필요하다고 하지 않았소?"

일은 이렇게까지 진행되었습니다. 그 승려는 마을 사람들과 논쟁을 하기 위해 남았고, 결국 한 사람만이 애초에 목적한 골짜기에 도착했습니다. 그래서 예수는 말합니다. "가는 길에 누구를 만나든지 아는 척을 하거나 인사를 하지 말라." 왜 그는 이렇게 말하는 것입니까? 그는 길 가는 도중에는 숱한 샛길이 있으리라는 것을 미리 말하고 있는 것입니다.

"그러므로 내가 너희들을 보내는 목적을 잊지 말고 마음 깊이 기억하라. 내가 너희들을 어디로 보내고 있는지 그 목적지를 잊지 말아

라. 길 가는 사람이 하는 평범한 인사조차도 자칫 마음에 혼란을 줄 수 있다."

마흔 살에 유혹에서 완전히 벗어나기 위해서는 어려서부터 크고 작은 유혹이나 강압에 대처하는 수련을 쌓아 버릇해야 할 것 같습니다. 어떻게 하면 아이들이 유혹이나 강요에서 벗어나 자신의 소신대로 꿋꿋하게 살아갈 수 있을까요?

우리는 아이들이 어려서부터 어느 누구의 말에도 현혹되지 않게 늘 깨어있도록 가르쳐야 할 것입니다. 다른 사람들이 원하는 바에 따라 흔들리지 말고 항상 자신의 내면의 소리에 귀를 기울이는 법을 익히게 하는 것이 좋습니다. 그것이 진실로 무엇을 원하는지 귀 기울여 듣도록 말입니다. 그렇지 않으면 평생을 낭비하게 될 것입니다.

내면의 소리에 귀를 기울이라. 한 소년의 경우를 예로 들어 보겠습니다. 어머니는 그가 법관이 되기를 원하고, 아버지는 의사가 되라고 합니다. 그런데 그는 시인이 되고 싶습니다. 물론 법관이 되면 사람의 값어치가 올라가니 어머니의 바람에 그릇된 점은 없습니다. 의사가 되면 돈을 많이 벌 것이니 아버지의 바람도 옳습니다. 의사나 법관이라는 직업은 세상에서 높게 평가 받습니다.

그런데 시인이라고요? 제 정신입니까? 시인은 가난하기 짝이 없습니다. 시가 없어도 세상은 잘 돌아갑니다. 시인이 없다고 문제가 발생하지는 않습니다. 그러나 의사가 없으면 세상은 큰일 납니다. 세상이 제대로 돌아가려면 법관과 의사가 있어야 합니다. 세상에서는 이런 식으로 필요 있는 사람만 가치 있는 사람이고, 필요 없는 사람은 가치 없는 사람으로 평가합니다.

그럼에도 불구하고 시인이 되고 싶다면 시인이 되십시오. 땡전 한 푼 없는 거지가 되어도 좋습니다. 시를 써서는 돈을 벌지 못한다고 걱정하지 마십시오. 그렇지 않으면 훌륭한 법관이 되고 큰 부자가 되어도 결코 만족감을 얻지 못할 것입니다. 그의 내면은 시인이 되고 싶은 갈망에 시달릴 것입니다.

노벨상을 받은 한 의학자가 질문을 받았습니다. "당신은 노벨상을 탔는데 별로 행복해 보이지 않습니다. 무슨 일입니까?" 그가 말했습니다. "저는 무용수가 되고 싶었습니다. 한 번도 의사가 되고 싶은 적이 없었습니다. 이제 저는 의사 일밖에 모르는 사람이 되었군요. 물론 의사로서는 크게 성공했지요.

그런데 이게 저를 짓누릅니다. 저는 훌륭한 무용수가 되고 싶었는데 막춤밖에 모르는 사람이 되었으니까 이게 슬프고 한스럽습니다. 춤을 잘 추는 사람을 볼 때마다 저는 비참함을 금할 수 없습니다. 이까짓 노벨상이 제게 무엇을 준답니까? 노벨상이 저에게 춤을 주나요? 저를 무용수로 만들어 주나요?"

어려서부터 내면의 소리에 귀를 기울이는 습관을 기르는 것이 좋습니다. 그 소리가 자신을 위험으로 이끌어도 좋습니다. 주저하지 말고 그 위험 속으로 뛰어 들어 가십시오. 어떤 경우에도 내면의 소리 앞에서 진실함을 잃지 마십시오. 그러면 지극한 만족감으로 춤출 수 있는 날이 반드시 올 것입니다.

가장 우선되어야 할 것은 자신의 내적인 존재입니다. 항상 거기에 초점을 맞추십시오. 다른 사람들이 자신을 맘대로 조종하도록 끌려 다니지 마십시오. 모든 사람이 우리를 조종하고 바꿔 놓으려고 합니다. 요청하지도 않았는데 방향을 제시하려 하고, 우리 인생의 길잡이를 자청하려 합니다.

자신에게 진실해야 한다. 하지만 진짜 길잡이는 내 자신 안에 있습니다. 우리 안에는 청사진이 들어 있습니다. 참되다는 것은 자기 자신에게 진실하다는 뜻입니다. 이것은 아주 위험한 일이기도 하고, 소수의 사람들만이 할 수 있는 일이기도 합니다. 하지만 이렇게 시도한 사람들은 반드시 성공합니다. 그들은 상상하기도 벅찬 아름다움을 성취합니다.

사람들이 그토록 절망스러워 보이는 이유는 내면의 소리에 귀를 기울이지 않기 때문입니다. 한 청년이 어떤 여자와 결혼하고 싶었는데 그녀는 자신과 동성동본이었습니다. 그것은 사회의 기강을 무너뜨리는 위험한 일이었습니다. 게다가 상대방 여자는 가난했고 그 청년은 부자였습니다. 이 또한 부모가 결혼을 반대한 이유 중의 하나입니다.

그래서 그는 성이 다른 부유한 여자와 결혼했습니다. 모든 사람이 그 결혼을 인정하고 축복했지만, 그의 가슴은 그 결혼을 받아들일 수 없었습니다. 이제 그는 추한 삶을 살아갑니다. 마음을 달래려고 창녀를 찾아가기도 하지만 별로 도움이 안 됩니다. 몸을 파는 매춘부처럼 그는 자신의 인생을 팔아먹었습니다.

항상 내면의 소리에 귀를 기울이십시오. 어느 누구의 말에도 구애받지 마십시오. 수많은 유혹의 손길이 뻗치고 있습니다. 우리를 둘러싼 모든 사람들이 자신의 것을 우리에게 팔아먹으려고 합니다. 이 세상은 거대한 슈퍼마켓과 같습니다. 세상 사람들 모두가 자신의 상품을 다른 사람에게 팔고자 합니다.

모두가 세일즈맨입니다. 만일 그 세일즈맨들의 소리에 일일이 귀 기울이다 보면 우리는 미쳐버리고 말 것입니다. 어느 누구의 말에도 흔들리지 마십시오. 다만 눈을 감고 내면의 소리에 귀를 기울여 보십시오. 내 내면의 소리를 듣는 것, 이것이 무엇보다 가장 먼저 해야 할 일입니다.

쉰 살에는 천명을 알게 되었다

천명天命이란 전통적인 사상입니다. 그 취지를 현대인이 이해할 수 있도록 설명해 주실 수 있습니까?

천명이란 내가 존재하는 이유를 어떤 사명감, 의무로 이해하는 것입니다. 살아가면서 우리는 내가 가는 길이 실은 나의 선택이나 의지에 의한 것만이 아님을 자주 절감하곤 합니다. 삶은 자율적 선택이 아니라 존재의 배후에 보이지 않는 어떤 알 수 없는 힘이 있어, 그 거대한 힘에 의해 이루어지는 역사에 내가 은밀히 소용되고 있다는 것입니다.

존재계는 나를 필요로 합니다. 나는 우연히 이곳에 존재하는 것이 아닙니다. 모든 존재들은 저마다 어떤 사명을 가지고 있습니다. 우리의 삶은 세상에 아름다운 무엇인가가 보태지는 데 기여해야 합니다. 우리가 저마다 이렇게 살 때, 비로소 존재의 의미가 실현됩니다.

그때 우리는 자신이 해야 할 일을 다 했다고 느끼게 됩니다. 작으나마 어떤 일을 완수하는 데 모든 정열을 쏟아 부었을 때 기쁨이 찾아옵니다. 우리가 그것을 잘 해냈을 때, 훌륭히 끝마쳤을 때 황홀경이 펼쳐집니다. 그때 존재계는 이전보다 더 풍요로워집니다.

그 경험은 침묵할 때 다가옵니다. 침묵하면 침묵할수록 우리는 더욱 더 내면에서 궁극의 손길을 느끼게 됩니다. 철저히 침묵할 때 문득 자신이 궁극의 입술에 놓인 대나무 피리일 뿐이라는 것을 깨닫게 됩니다. 우리를 통하여 한 가락 노래가 흘러나오고 있습니다.

그것을 방해하지 않는 것, 그것을 왜곡하지 않는 것, 신이 처음 원했던 그대로 순수하게 노래가 우리를 통과하도록 하는 것이 우리의 유일한 의무입니다. 신의 노래가 우리를 통하여 그대로 전달되어야 합니다.

천국은 우리의 진정한 존재가 꽃피는 곳　신의 노래는 사람마다 다르게 나타납니다. 사람은 모두 저마다 독특합니다. 신은 결코 복제품을 만들지 않습니다. 항상 원본만을 창조합니다. 신은 진정한 창조자입니다. 그러나 인간은 계속 모방 속에서 살아갑니다. 우리는 다른 누군가가 되려고 애씁니다. 그러나 그것은 불가능합니다. 나는 오직 나 자신이 될 수 있을 뿐입니다. 신은 나를 유일한 나로서 독특하게 창조하였습니다.

나는 어떤 우월한 인물이나 어떤 삶의 양식을 따를 필요가 없습니다. 내가 스스로 내 삶의 양식을 결정하고 나 자신의 빛 속에서 살 수 있도록 단지 통찰력을 일깨우고, 인식의 눈을 뜰 수 있도록 노력해야 합니다. 우리가 저마다 자신의 빛 속에서 살기 시작할 때, 축복이 우리를 감싸게 될 것입니다.

대부분의 사람들은 다른 누군가의 성공한 모습에 관심이 있습니다. 그러면 나는 단지 하나의 복제품이 되어야 한단 말입니까? 신은 나에게 아무런 내 본래의 얼굴도 주지 않았단 말입니까? 나는 빌려온 얼굴로, 가면을 쓰고서, 나에게는 아무런 얼굴도 없다고 생각하고 살아야 한단 말입니까?

그렇다면 어떻게 삶이 하나의 기쁨이 될 수 있겠습니까? 얼굴조차 나의 것이 아니라면, 만약 우리가 우리 자신이 아니라면 어떻게 행복해질 수 있겠습니까? 다음과 같은 라즈니쉬의 술회는 천명의 관점에 의한 현대적 삶의 대표적인 모습이 아닐까 생각합니다.

"아주 어린 시절부터 나는 결과가 어찌되든 나 자신으로부터 벗어나지 않겠다고 생각했다. 옳든 그르든 나는 나 자신으로 남아 있을 것이다. 설사 내가 결국 지옥으로 가고 만다고 해도, 적어도 나만의 삶의 길을 따랐다는 만족감만은 가지게 될 것이다. 만약 그 길이 지옥으로 가는 길이라면 지옥에 가는 것이다.

다른 사람의 충고와 사회의 유행을 따른다면 설사 내가 천국에 도달한다 해도 나는 그곳에서 행복하지 않을 것이다. 왜냐하면 그동안 나는 나의 의지에 반하는 것들을 강요당했을 것이기 때문이다."

우리, 이 말씀의 요점을 이해하도록 노력해봅시다. 만약 그것이 우리의 의지에 반한다면 비록 천국에 있다 해도 우리는 지옥에 있게 될 것입니다. 그러나 존재의 자연스런 길을 따른다면, 비록 지옥에 있다 해도 우리는 천국에 있을 것입니다. 천국은 우리의 진정한 존재가 꽃피는 곳이며, 지옥은 우리가 짓눌리고 본질이 아닌 다른 어떤 것이 강요되는 곳입니다.

천명이란 이 우주 안에 어떤 신성하고 전능한 존재가 있어서 그곳으로부터 어떤 메시지를 들을 수 있다는 믿음과 관련되는 듯합니다. 이것은 가슴을 통해서 체험할 수 있다고들 말합니다. 그렇다면 신은 저 높은 곳 어디나, 우리 내면의 깊은 어딘가에 있는 것이 아닐까요?

제자가 물었습니다. "신은 어디에 있습니까?" 스승이 대답했습니다. "잊어버려라. 신이라는 말은 잊어버려라. 그대는 물음을 들은 일이 있는가?" "어떤 물음을 말입니까?" 스승이 대답했습니다. "신이 묻고 있는 물음 말이다. 그 물음을 듣지 못했다면 신이 어디에 있는지 알 수 없다. 그 물음을 듣는 순간 방향은 확실해진다. 그대 존재의 가장 깊은 곳에서 울려나와 계속해서 그대의 가슴을 두드리고 있는 그 물음을 들어야 한다."

'나는 누구인가? 왜 여기에 있는가? 무엇을 위해서인가?' 하는 물음을 듣는 순간 방향은 확실해집니다. 그 물음이 우리 가슴 속에서 일어나면 그때는 신이 무엇인지 알게 됩니다. 누가 질문을 하고 있습니까? 내가 질문할 수는 없습니다. 나는 의식하지 못하고 있습니다. 깊은 잠에 빠져 있습니다. 나는 그런 질문을 할 수 없습니다.

나의 내면 깊숙한 곳에서 신이 그 질문을 하고 있습니다. 내가 하는 질문은 모두가 다 거짓입니다. 그런 질문들은 내 내면 깊은 곳에서 나오는 질문이 아닙니다. 어떤 다른 사람이 가르쳐 준 것입니다. 따라서 나의 질문은 진실한 것이 아닙니다. 그때 내가 얻는 대답 또한 진실한 것이 아닙니다. 나는 다른 사람에게서 그 질문을 배웠으며, 대답 또한 다른 사람에게서 배웠습니다.

살아있는 것에 신이 존재한다. 인간은 저마다 하나의 성전입니다. 그러나 외부에서는 오직 그 벽밖에 볼 수 없습니다. 참 이상하지요. 다른 사람들만 외부에서 나를 보는 것이 아닙니다. 나 자신도 나를 외부에서 보고 있습니다.

나는 내 얼굴을 보기 위해 거울을 들여다봅니다. 나는 나의 이미지를 알아보기 위해 사람들의 눈을 들여다보고, 자신을 알기 위해 사람들의 의견에 귀를 기울입니다. 자신이 좋은지 나쁜지, 도덕적인지 부도덕한지, 성인인지 죄인인지 알기 위해 세상으로 눈을 돌립니다.

이것은 정말 이상한 일입니다. 왜냐하면 우리는 내면을 통해 우리 스스로를 알 수 있기 때문이지요. 거울은 필요 없습니다. 다른 사람들의 의견에 의존할 필요도 없습니다. 그들이 우리에게 말하는 것은 언제나 벽뿐입니다. 성전의 외부를 이루는 벽에 대해서만 말합니다. 그들은 내부의 신성에 대해서는 아무것도 말해 주지 못합니다.

우리가 우리 존재의 중심에서 지켜본다면 우리는 놀랄 것입니다. 내 몸이 유일한 성전이고, 내 속에 신이 존재합니다. 외부에서는 그것을 알 길이 없습니다. 일단 우리가 우리 내부에서 우리의 신을 발견하게 되면, 그때 우리는 다른 사람 속에서도 신을 발견할 수 있게 됩니다. 그리고 곧 그들 역시 신이 거처하는 성전이라는 것을 알게 될 것입니다. 그들은 살아 있고, 그 살아 있음이 바로 신이기 때문입니다.

우리는 어디서든지 신을 발견할 것입니다. 나무에서도 신을 발견하고, 동물에서도 신을 발견합니다. 삼라만상 모든 것에서 우리는 신을 발견할 것입니다. 살아 있는 것에 신이 존재합니다. 그러므로 모든 존재는 신의 성전이 됩니다. 신의 주소가 어디입니까? 신에게는 주소가 없습니다. 신은 아무 데도 없거나 모든 곳에 있습니다.

사랑하는 사람이 신을 발견한다. 옛날 사람들은 신이 저 높은 데 어딘가 아주 먼 아득한 하늘 위에 있다고 생각하고, 구체적으로 자신의 뜻을 전할 수 있는 인격적인 존재로 받아들였습니다. 그러나 예수는 말합니다. "신은 사랑이다." 이는 신을 이해하는 데 매우 중요한 방도가 됩니다.

사랑은 어떤 인격적인 존재의 느낌을 주지 않습니다. 사랑은 꽃이라기보다 향기이고 본질이고 현존입니다. 신이라고 말할 때 우리는 어찌할 바를 모르고 무력감을 느낍니다. 그러나 사랑에 대해서라면 우리는 뭔가를 할 수 있을 것 같습니다. 사랑하는 것은 우리의 가장 깊은 본성입니다.

사랑을 하는 사람은 전체적으로 살고 있기 때문에 사는 법을 압니다. 그의 가슴은 논리가 아닌 사랑으로 가득 차 있습니다. 가슴은 단지 혈액을 정화하는 시스템, 단순한 호흡기관으로 그치지 않습니다. 사랑을 들이마시고 사랑을 내쉽니다. 그의 영혼은 오로지 순수한 사랑, 사랑의 대양입니다. 사랑하는 사람은 반드시 신을 발견합니다. 그는 신을 찾아 나설 필요도 없습니다. 신이 그를 찾아옵니다.

사랑을 특별히 어떤 대상에 한정시키지 마십시오. 존재 전체를 사랑하십시오. 모든 존재는 하나입니다. 나무와 사람은 별개의 존재가 아닙니다. 생명은 서로 연결되어 있고 서로 깊은 조화를 이루며 존재합니다. 우리는 산소를 들이마시고 이산화탄소를 내뱉습니다. 나무는 이산화탄소를 들이마시고 산소를 내뿜습니다. 나무가 없다면 사람은 살 수 없습니다.

우리는 서로 연결되어 있습니다. 생명은 서로의 존재 속에 서로 스며들어 있습니다. 그러므로 나무나 동물, 사람 등 어떤 대상에 국한하지 말고 두루 사랑하십시오. 누구를 사랑하고 있는가는 중요하지 않습니다. 중요한 것은 사랑하고 있다는 사실, 바로 그 자체입니다.

지금은 천명에 따라 사는 이가 없을 뿐 아니라, 천명이란 개념 자체도 거의 잊혀져 가고 있습니다. 그래서 인간은 아무 두려움 없이 함부로 날뛰면서 날로 어려움에 빠져들고 있습니다.

예로부터 천명에 따라 산 사람은 극히 드물었습니다. 가령, "이제 나는 작은 기쁨과 행복에는 관심이 없다. 나의 유일한 관심사는 마지막 고난의 시험에 나를 맡기는 것이다. 그 시험을 통해 나는 존재계로부터 인정받을 것이다. 존재계는 나의 의식이 영원불멸하고 신성하며, 내가 나의 운명을 달성했다고 인정할 것이다."라고 말한 짜라투스트라 같은 사람은 천명에 따라 산 희귀한 사람 중 하나의 예라 할 수 있겠지요.

　그러나 이런 지성과 용기를 가지고 사는 사람을 지금 우리는 찾아보기 힘들 것입니다. 천명이란 말은 오래 된 것이지만, 그 의미와 가치는 지금도 변치 않고 살아있습니다. 그래서 이를 망각하고 무시하는 만큼 진정한 행복을 잃고 있는 것입니다. 하지만 이런 사실을 진실로 깨닫고 있는 사람은 극히 드물지요. 천명의 중요성을 이해하지 못하는 이는 진정으로 지성인이라 할 수 없습니다.

　우리는 엄청난 잠재력을 지니고 태어났습니다. 그러나 그것은 어디까지나 잠재력일 뿐, 그것을 깨닫지 못하고 죽을 수도 있습니다. 만약 의식적으로, 자각을 가지고 움직이지 않는다면, 우리는 그 과녁을 놓칠 수밖에 없습니다. 오직 바람과 파도에 휩쓸려 다니는 뗏목처럼 남아 있다면, 우리의 존재가 오직 우연에 그치고 만다면, 우리는 모든 가능성을 놓치고 말 것입니다.

　사람들이 불행에 처해 있는 이유가 바로 이 때문입니다. 불행의 원인은 외부에 있는 것이 아니라 그 과녁을 놓치는 데 있습니다. 우리는 모두 무엇인가를 놓치고 있다는 것을 어렴풋이 느낍니다. 그것이 무엇인지는 확실히 알지 못하지만, 우리 속의 씨앗이 채 자라나지 않았다는 한 가지 사실은 확실합니다. 우리 속에 무언가 미처 피어나지 않은 것이 있습니다.

오직 꽃만이 성취와 만족을 안다. 씨앗은 불행할 수밖에 없습니다. 오직 꽃만이 바람과 비, 태양 속에서 춤출 수 있습니다. 꽃만이 그 자신의 노래, 축복의 노래를 부를 수 있습니다. 오직 꽃만이 성취와 만족을 압니다.

씨앗은 닫혀 있으며 연결이 끊어져 있습니다. 씨앗은 달과 태양, 별들의 존재를 알지 못합니다. 씨앗은 그것들에 대해 들어본 적도 없습니다. 씨앗은 꽃과 그 색채들, 무지개, 새의 노래와 꿀벌의 흥얼거림을 알지 못합니다. 하지만 그 내면 어딘가에는 그 모든 것을 알고자 하는 갈망이 숨어 있습니다.

필요한 것은 오직 지성입니다. 침묵한 채 깨어 있어야 합니다. 그러면 지성이 자라나기 시작할 것입니다. 그리고 어느 날 그 씨앗은 꽃을 피우게 될 것입니다. 지성의 꽃이 필 때, 우리의 내면에 봄이 올 때, 우리가 정원이 될 때, 바로 그 날이 가장 위대한 기쁨의 날입니다.

그러나 현대인에게 이런 의식의 각성은 이미 사라진 지 오래입니다. 아무리 문명이 발달하고 경제가 성장해도 인간이 본질적으로 불행의 늪에서 벗어날 수 없는 것은 바로 이 때문입니다.

어떻게 해야 천명을 알 수 있는지요? 혹시 부모나 스승이 자녀와 제자를 도울 길이 있을까요?

스승들은 진리를 직접 말하지 않습니다. 비록 하고자 해도 그리 할 수 없습니다. 우리 안에 깊이 잠들어 있는 진리를 불러낼 수 있을 뿐입니다. 그것을 일깨울 수 있습니다. 자극할 수 있습니다. 스승들은 우리를 흔들어 깨울 수 있습니다. 그러나 우리에게 신이나 진리를 줄 수는 없습니다. 우리는 처음부터 이미 그것을 다 가지고 있기 때문입니다. 우리는 선천적으로 저마다 그것을 가지고 태어났습니다.

진리는 우리의 본성 그 자체입니다. 그것은 주어질 수는 없고 일깨워질 수 있어요. 우리 안에서 그것이 일어나는, 더 이상 잠들어 있지 않고 깨어있게 되는, 그런 상황이 창조될 수 있을 뿐이지요. 스승의 역할은 우리가 생각하는 것보다 훨씬 더 복잡합니다. 만약 진리가 전달될 수 있다면 그것은 훨씬 더 쉽고 간단할 것이나, 전달될 수 없기 때문에 간접적인 방법과 수단들이 고안되어야 합니다.

부모 또한 귀한 자녀들에게 도움을 줄 수 있는 방도가 없지 않습니다. 그러나 이는 깨이지 못한 사람들에게는 너무도 비현실적으로 생각되어 실천으로 옮기기는 참으로 어렵습니다. 아이들의 성장은 7년을 주기로 합니다. 처음 7년은 삶의 기초가 놓이는 시기입니다. 이 기간은 사회화되는 시기입니다.

갖가지 쓰레기가 아이들의 머릿속으로 들어가서 평생 동안 따라다니면서 아이들이 타고난 본래 모습이 드러나는 것을 방해합니다. 세상은 명료합니다. 그러나 그들의 눈에는 먼지가 겹겹이 쌓여 마치 피나 근육처럼 자신의 일부가 되어 버립니다.

아이는 작은 새싹과 같습니다. 연약하고 부드럽지요. 바람이 조금만 세게 불어도 손상을 입곤 합니다. 모든 영향으로부터 아이를 보호해서 아이가 자기 자신으로 남아 있게 해야 합니다. 이렇게 첫 번째 주기가 지나가면 아이는 땅에 뿌리를 박고 스스로의 힘으로 자기를 지킬 수 있게 됩니다.

부모는 정비사가 아니라 정원사이어야 한다. 본래의 모습으로 남아 있는 아이는 칼처럼 날카롭습니다. 진정 우리가 부모라면 간섭하지 않을 수 있는 용기를 지녀야 합니다. 알 수 없는 세계로 향하는 문을 열어주고 아이가 탐험을 떠나게 해야 합니다.

그들은 자신 안에 무엇이 있는지 알지 못합니다. 아무도 알 수 없습니다. 어둠 속을 스스로 더듬어나가야 합니다. 어둠과 실패와 미지의 세계를 두려워하지 않게 해주어야 합니다.

부모 노릇을 한다는 것은 대단한 일입니다. 부모는 세상에 대해 아무것도 모른 채 세상에 온 새로운 존재를 받아들여야 합니다. 그 존재는 씨앗처럼 자신의 모습을 내면에 간직하고 있습니다. 그 모습이 피어나지 못하면 그는 행복을 느낄 수 없습니다.

부모들은 자식이 의사나 교수, 법관이 되면 행복해질 것이라고 생각하나 이는 대단히 잘못된 생각입니다. 사람은 자신이 되어가는 존재가 되었을 때 행복을 느낍니다. 자기 내면의 씨앗이 자라서 그 꽃다운 어떤 알맞은 모습이 되어야 합니다. 삶은 경주가 아니라 여행이며, 부모는 자식에 대하여 정비사가 아니라 정원사이어야 합니다.

> 현대사회에서 천명을 무시한 채 출세 지향적으로만 사는 것도 문제지만, 천명을 알고 천명만 따르기로 한다면 현실적으로 이것도 문제일 듯한데, 갈등을 극복하고 좀 더 확고한 자세로 살 수 있으면 좋겠습니다.

라즈니쉬가 어느 가정에 머물고 있을 때의 일입니다. 그는 잔디밭에 앉아 있었는데 작은 소년이 그 주변에서 놀고 있었습니다. 그래서 그는 소년과 이야기를 시작하면서 그 애에게 물었습니다. "너는 장차 어떤 사람이 될래?" 소년이 대답했습니다. "내가 생각하기로는 아마 나는 미친 사람이 될 거예요."

"왜 그런 생각을 하지?" "엄마는 내가 의사가 되기를 원해요. 그리고 아빠는 기술자가 되기를 원하고요. 또 삼촌은 내가 과학자가 되기를 바라요. 그들은 나를 미친 상태로 몰아가고 있어요. 내가 무엇이 되고 싶은지 묻는 사람은 아무도 없어요. 그들끼리 결정하고 그들끼리 말다툼을 하지요. 서로 자기 생각이 옳다고 내세우면서 말이에요. 그들은 모두 자기들의 야망을 나를 통해 이루려 하지요."

그가 소년에게 말했습니다. "'아니오'라고 말하는 법을 배워라. 미칠 필요는 없다. 네가 무엇을 원하는지 당당하게 말하고 그것을 위해서라면 어떤 위험과도 맞서서 싸워라. 그러면 결코 불행해지지 않을 것이다. 너는 부자나 유명인사가 되지 못할지도 모른다. 그러나 진정으로 의미 있는 것은 돈으로 살 수 없다.

무엇이 되든지 간에 네가 원하는 대로 되었음에 깊이 만족한다면, 너는 세상에서 가장 부유한 사람이 될 것이다. 부유함은 돈이 얼마나 많이 있느냐 하는 것과는 아무 상관도 없다. 부유함은 너의 운명을 달성했다는 만족과 성취감, 내적인 즐거움으로 이루어진다."

자신의 잠재된 가능성을 따를 때 우리는 최상의 모습이 됩니다. 잠재된 모습에서 벗어날 때 우리는 진부해집니다. 사회는 진부한 사람으로 가득합니다. 자신에게 주어진 운명을 사는 사람이 없기 때문이지요. 그들의 본래 모습은 지금의 모습이 아닙니다. 그러므로 무엇을 하든 그들은 최상의 모습이 될 수 없습니다.

만족할 수도 없고 즐거움을 누릴 수도 없습니다. 경쟁심과 폭력성, 적대감과 질투심으로 가득 차 있습니다. 그래야 사회에서 성공할 수 있기 때문입니다. 참으로 이런 인간은 경멸스럽지요. 그들 안에 있는 모든 것이 추악합니다. 그들은 위선자입니다. 그 추악함을 드러내지 않고 계속해서 감추고 있습니다. 이것이 그들의 문화입니다.

성공의 기준은 행복이다. 천명에 따라 사는 사람들은 성공하기 어려울지도 모릅니다. 그러나 그들은 성공하든 그렇지 않든 항상 행복합니다. 천명을 무시하고 야심적으로 사는 사람들은 성공하든 그렇지 않든 항상 불행합니다. 성공은 기준이 될 수 없습니다. 성공은 많은 것들에 의존하기 때문입니다.

행복이 기준입니다. 행복은 오직 자신에게만 달려 있기 때문입니다. 다른 경쟁자들 때문에 성공하지 못할 수도 있습니다. 나는 내 빛에 따라 살지만, 다른 사람들이 계산적이고 영악하고 교활하고 부도덕하게 살면, 나는 경쟁에서 뒤질 수밖에 없습니다. 사회적인 성공은 많은 부수적인 조건들에 좌우되기 십상이지요.

예수가 성공했다고 말할 수 있습니까? 그의 십자가는 사회적인 눈으로 보면 실패한 인생일 뿐입니다. 불과 서른세 살에 십자가에 못박혀 처형당한 사람, 그는 결코 성공한 사람이 아니었습니다. 그를 알고 기억해주는 사람은 별로 없었습니다. 소수의 시골 사람과 무식쟁이들이 그의 제자였습니다.

그에게는 지위도 명성도 권력도 없었잖습니까. 무슨 성공이 이렇단 말입니까. 예수의 십자가를 놓고 성공이라고 말할 수는 없습니다. 절대로 없습니다. 그러나 그는 행복했습니다. 그는 외면에서 육체적으로는 한없이 고통스러웠지만, 깊은 내면에서 의식적으로는 무척 행복했습니다. 그는 심지어 십자가에서 처형을 당할 때조차도 더없이 행복했습니다. 이것이 진실입니다.

예수를 처형한 사람들은 예수보다 오래 살았지만 불행했지요. 그렇다면 누가 진정 십자가의 고통스런 삶을 산 것입니까? 이것이 기준이 되어야 합니다. 예수를 십자가에 매단 사람들, 그들이 십자가의 고통스러운 삶을 살았습니다.

예수는 행복한 삶을 살다 갔습니다. 어느 누가 행복을 십자가에 처형할 수 있습니까? 예수는 무아경의 삶을 살다 갔습니다. 어느 누가 무아경을 십자가에 처형할 수 있습니까? 그의 몸은 죽일 수 있어도 그의 영혼은 죽일 수 없습니다. 예수를 처형한 사람들은 오래 살았을지 몰라도 그들의 삶은 불행의 연속이었습니다. 이것은 길고 더딘 십자가 처형이 아니고 무엇이겠습니까?

먼저 직관과 내면의 인도자를 따른다고 해서 사회적인 성공을 거두는 것은 아님을 짚고 넘어가야 할 것 같습니다. 직관과 내면의 인도자를 따르는 사람은 붓다나 예수의 눈으로 볼 때는 성공한 사람들입니다. 그 성공은 자신이 체험하는 행복과 지복으로 결정됩니다. 어떤 일이 일어나느냐는 문제가 아닙니다. 문제는 자신이 행복하다는 사실입니다.

세상이 자기를 낙오자라 손가락질을 하든, 스타라고 치켜세우든 그것은 아무 문제가 아닙니다. 그 어떤 경우에도 그는 행복합니다. 지복이 흘러넘칩니다. 우리에게 성공은 지복이어야 합니다. 지복이 성공임을 아는 사람은 언제나 성공할 것입니다.

그러나 사람들에게 지복은 성공이 아닙니다. 그들에게 성공은 다른 것입니다. 사람들은 설령 불행한 성공이 된다 해도 세속적인 성공을 원하지요. 성공만 한다면 불행할 준비가 되어 있습니다. 사람들에게 성공이란 무엇입니까? 그들에게 성공이란 에고와 욕망의 성취이지 지복이 아닙니다.

그들은 남들에게서 성공했다는 말을 듣고 싶어할 뿐입니다. '모든 것을 잃어도 좋다. 나의 영혼까지 잃어도 좋다. 지복이 나오는 순수를 잃어도 상관없다. 신성에 가까운 화평과 침묵을 상실해도 관계없다. 세상 모든 것을 잃고 미친 사람이 되어도 좋다. 세상 사람들이 자신을 성공한 사람이라고 보아주기만 한다면 말이다.' 사람들은 이렇게 생각하기 일쑤입니다.

성공보다 큰 실패는 없다. 세상에서는 에고의 만족이 성공입니다. 그러나 깨달은 이에게는 지복이 성공입니다. 남들이 나를 알아주느냐 아니냐는 상관없습니다. 내가 지복 속에 있으면 나는 성공한 것입니다. 마음을 비워야 합니다. 그래야 성공에 집착하는 데서 벗어날 수 있습니다. 세상에 성공보다 큰 실패는 없습니다.

그러므로 성공하려고 발버둥치지 마십시오. 성공하려고 노력하면 반드시 실패할 것입니다. 지복에 넘치는 존재가 되려고 노력하십시오. 매 순간 조금 더 지복을 느껴 보십시오. 온 세상이 실패자라 손가락질해도 결코 실패자가 아닙니다. 그런 사람이야말로 성공한 사람입니다.

붓다는 그의 친구나 가족, 아내, 아버지, 사회의 눈으로 보면 실패자입니다. 붓다는 음식을 구걸하는 비구가 되었습니다. 무슨 성공이 이렇단 말입니까. 그는 위대한 황제가 될 수도 있었습니다. 그는 그런 여건과 자질과 지성, 인격을 가지고 태어났습니다. 그럼에도 그는 실패자였습니다.

그러나 단언컨대 그는 실패자가 아니었습니다. 만약 황제가 되었다면 붓다는 자신의 인생을 잃고 실패자가 되었을 것입니다. 그가 보리수 아래서 얻은 것이 참된 것이요, 그가 잃은 것은 허상이었습니다.

참된 것으로 사는 자는 내면의 세계에서 성공합니다. 허상의 세계에서 성공하고 싶은 사람은 교활함과 영악함, 경쟁심, 시기심, 공명심, 폭력적인 마음으로 발버둥치는 사람들의 길을 따르십시오. 그들의 길을 따르는 사람은 내면의 인도자를 볼 수 없습니다. 세상 것을 얻고 싶은 사람은 내면의 인도자에 귀를 기울이지 마십시오.

그러나 온 세상을 얻는다 해도 종국에는 자신을 잃고 말 것입니다. 예수는 말합니다. "온 세상을 얻은들 자신의 영혼을 잃는다면 무슨 소용인가?" 여기 알렉산더 대왕과 십자가에 매달린 예수가 있습니다. 당신에게는 누가 성공한 사람으로 보입니까? 세상에 관심을 두면 우리 내면의 인도자는 우리를 인도할 수 없습니다. 내면의 존재에 관심을 두면 이는 우리를 인도할 것입니다.

사람마다 각자 타고 난 성품에 맞게 사는 것이 무엇보다 중요할 것이며, 아마도 이것이 우리 보통 사람들에게는 천명을 따르는 일이 될 것 같습니다. 그러나 이것이 어디 말처럼 쉽겠습니까.

모든 사람은 창조적으로 태어납니다. 그러나 사회는 개인이 지니고 있는 창조력을 파괴합니다. 삶을 경제 지향적인 시각으로만 보기 때문입니다. 하지만 돈이라는 것은 가장 비창조적인 것입니다. 돈을 지향하는 사람은 파괴적일 수밖에 없습니다. 돈이라는 것은 교묘한 착취와 강탈에서 오는 것입니다. 부자들이 벌어들이는 엄청난 돈은 사실 알고 보면 다른 사람에게 가야 할 것이 그들에게 오는 것입니다.

진정으로 창조적인 사람은 돈을 소유하는 게 아니라 자신의 존재를 소유합니다. 그래서 자신의 참 주인이 되는 것입니다. 그러기 위해서는 먼저 자신에게 어떤 창조적 능력이 있는지 살펴보아야 하겠지요. 모든 사람이 모든 것을 다 잘 할 수는 없는 법입니다.

그러므로 능력을 살펴서 자신의 길을 선택해야 합니다. 자신이 가야 할 길을 찾는다는 것은 그리 쉽지만은 않습니다. 자신의 삶이 어떤 운명을 가지고 태어났는지 잘 보이지 않기 때문입니다. 그러나 실수와 실망을 거듭하면서 끈질기게 그리고 진지하게 찾는 가운데 지혜롭고 성숙해질 것입니다.

매 순간 느끼고 선택하는 삶 인간은 수많은 가능성으로 열려 있는 존재입니다. 한 발자국 한 발자국마다 많은 길들이 열려 있습니다. 매 순간 느끼고 선택해야 합니다. 삶을 진정으로 사랑한다면 우리 자신의 길을 발견할 수 있습니다. 자신의 삶을 사랑하지 않고 다른 것에 관심을 둔다면 바로 그것이 문제입니다.

진정으로 창조적인 사람이 되고 싶은 사람은 자신의 행위를 즐기면서 자신이 하는 행위 하나하나 속에서 본질적인 가치를 발견합니다. 창조란 그림이나 시, 춤, 노래 등 특별한 창작 활동만을 가리키지 않습니다. 사실 창조는 특정 창작 활동과는 아무런 관계가 없습니다. 무엇이든 창조적인 것이 될 수 있습니다.

활동에 창조성을 불어넣는 것은 우리 자신입니다. 활동 자체는 창조적인 것도 비창조적인 것도 아닙니다. 우리는 비창조적으로 그림을 그릴 수도 있고 반면에 창조적으로 요리를 할 수도 있습니다. 창조는 하나의 속성입니다. 활동에 불어넣는 속성입니다. 우리가 창조적일 때 우리가 하는 모든 것은 창조적이 됩니다.

평범하게 길을 걷는 것도 창조적일 수 있습니다. 아무것도 하지 않고 보리수 아래 앉아 있던 붓다는 더없이 위대한 창조자였습니다. 눈앞의 이익을 따지지 않고 기쁨과 사랑을 통해 내면으로 성숙하고 성장한다면 이것이 신성한 삶이며, 이것이 우리의 운명을 창조적으로 성취해가는 것입니다.

사람의 잠재력은 각인각색으로 다양하여 개중에는 그 자체에 부족한 점이나 어떤 한계가 있을 수도 있을 것인데, 이렇게 완벽하지 않은 잠재력을 꽃피우는 것에 절대적 가치를 둘 수 있습니까?

신은 우리를 완벽하게 만들었습니다. 신은 우리 안에 어느 것 하나 미완성으로 남겨 놓지 않았습니다. 만일 미완성인 부분이 있다고 느낀다면 그것은 완벽함의 일부입니다. 우리는 완벽하게 불완전합니다. 신은 우리보다 더 잘 알고 있습니다.

오직 불완전 안에서만 성장과 흐름이 있으며, 오직 불완전한 것 속에서만 무슨 일인가 가능하다는 것을 신은 잘 알고 있습니다. 만일 우리가 완벽한 존재라면 돌처럼 굳어 버렸을 것입니다. 그때엔 아무 일도 일어나지 않을 것이며, 아무 일도 가능하지 않을 것입니다.

그러나 우리 마음은 항상 완벽을 추구합니다. 에고는 완벽주의입니다. 그러나 에고를 통해서는 결코 완벽을 이룰 수 없습니다. 에고를 통해 완벽을 이루고자 하는 것은 자기모순이지요. 에고 없을 때만 완벽이 가능합니다. 완벽은 완벽에 대해 아무런 생각도 떠오르지 않을 때만 이루어집니다.

그러므로 진정한 예술가는 완벽을 생각하지 않습니다. 그는 일이 일어나도록 다만 자신을 전적으로 존재계에 내맡깁니다. 진정한 예술가는 전체성을 생각할 뿐 완벽성에 대해서는 결코 생각하지 않습니다. 그는 작품에 전체적으로 몰입할 뿐입니다.

젊은이들이 연인을 찾고 있습니다. 그러나 그들은 여기에 있는 사람들 중에는 아무도 없다고 생각하기 때문에 쉽게 연인을 발견하지 못합니다. 그들은 완벽한 사람을 원하고 있지만 여기서는 그러한 사람을 발견하지 못합니다. 누구나 인간에게는 결함과 제약이 있습니다. 만일 우리가 누군가를 사랑하고 싶다면, 이처럼 모든 제약을 가진 인간을 사랑해야 합니다.

완벽한 인간은 매우 단조로운 것이기 때문에 신은 결코 완벽을 허용하지 않습니다. 만일 완벽한 인간과 함께 생활한다면 우리는 아마 24시간도 채 못 되어 자살하고 말 것입니다. 그는 마치 대리석 동상이나 죽은 사람처럼 느껴질 테니까요. 살아있는 인간은 결코 완벽하지 않습니다. 우리가 추구해야 할 것은 근본적으로 완벽을 위한 것이 아니라 전체를 위한 것입니다.

이 둘을 혼동해서는 안 됩니다. 완벽의 이상은 다음과 같은 것입니다. '이렇게 하라. 저렇게 하지 말라. 분노하지 말라. 질투하지 말라. 욕심을 갖지 말라. 어떠한 결함도 한계도 갖지 말라.'

그러나 전체의 이상은 완전히 다릅니다. '만일 화가 난다면 온전히 화를 내라. 사랑하고 있다면 온전히 사랑하라. 슬프면 온전히 슬퍼하라.' 전체적인 인간은 아름답습니다. 그러나 완벽한 인간은 이미 죽은 시체입니다.

예순 살에는 어떤 말도 귀에 거슬리지 않게 되었다

일생의 정신적 편력을 말하는 자리에서 갑자기 육체의 일부인 귀에 대한 언급이 나오는 것은 뜻밖입니다. 여기서 귀는 무엇을 상징하는지요.

귀는 우리 얼굴에 있는 하나의 감각기관으로 단지 소리를 듣는 기능이 있을 뿐인 것으로 생각하기 쉽지요. 그러나 성인을 나타내는 한자 '聖'이 귀를 의미하는 '耳'자를 의미부로 가지고 있는 것은 의미심장합니다.

'듣기'는 신전으로 들어갈 수 있는 비밀 중의 하나입니다. 듣기에는 수동성의 뜻이 내포되어 있습니다. 듣는다는 것은 자신을 완전히 잊는다는 뜻입니다. 자신을 완전히 잊을 때라야 진정으로 들을 수 있습니다. 우리가 다른 사람의 말을 주의 깊게 들을 때를 생각해 보십시오. 그때 우리는 나 자신을 완전히 잊습니다. 자의식이 강하게 작용하면 상대의 말을 듣지 못합니다. 기껏해야 듣는 척할 수 있을 뿐이지요.

진정으로 들으면 우리는 수동적인 통로, 하나의 자궁이 됩니다. 진정으로 들을 때 우리의 존재는 여성적으로 변합니다. 누구나 존재의 집에 도달하기 위해서는 여성적으로 변해야 합니다. 저돌적이고 공격적인 침입자로서는 신에 도달할 수 없습니다.

어쩌면 우리가 수용적이고 여성적일 때라야 신이 우리에게 도달할 수 있다고 말하는 것이 더 정확할지 모릅니다. 우리가 수용적인 사람이 되었을 때 비로소 문이 열립니다. 문이 열릴 때까지는 묵묵히 기다려야 합니다.

귀는 눈보다 여성적이다. 듣기는 내면을 수동적으로 변화시킬 수 있는 방편입니다. 붓다는 듣기를 특히 강조했으며, 마하비라도 듣기를 대단히 중시했습니다. 사람의 귀에는 상징적인 데가 있습니다. 귀에는 구멍이 나 있습니다. 그래서 통로 역할을 합니다.

귀는 눈보다 여성적입니다. 눈은 남성적입니다. 사람의 귀가 음陰의 역할을 한다면 눈은 양陽의 역할을 합니다. 우리가 상대를 바라볼 때는 다분히 공격적입니다. 하지만 상대의 말을 들을 때는 수용적으로 변합니다.

그래서 어느 사회에서나 상대방을 지나치게 오래 바라보는 것을 무례한 행위 나아가서는 공격적인 행위로 간주합니다. 심리학자들은 3초 이상 상대방을 바라보면 노려보는 것으로 간주한다고 합니다. 그렇지만 상대방의 말을 듣는 데는 한계가 없습니다. 귀는 상대방의 영역을 침범하지 않기 때문입니다. 어디에 있든 귀는 수용적이지만 눈은 공격적입니다.

그래서 눈은 휴식을 필요로 합니다. 밤에 눈은 휴식을 필요로 하지만 귀는 그렇지 않습니다. 귀는 24시간 열려 있지요. 눈은 끊임없이 공격적으로 에너지를 소비하기 때문에 지칠 수밖에 없고, 그래서 밤에 휴식을 취해야 합니다. 모든 종교에서는 음악을 사용합니다. 음악은 귀를 보다 민감하게, 보다 살아있게 만들어주기 때문입니다. 그러므로 가능한 한 눈보다 귀를 더 많이 사용하는 게 좋습니다.

무슨 일이 왜 일어나는지 생각하지 말고 다만 듣기만 하십시오. 밖에서 들려오는 것을 해석하려고 듣지 말고 계속 듣기만 하십시오. 먼저 공격적인 마음을 버리고 수용적인 자세를 취하십시오. 수용 속에서는 에고가 존재할 수 없으니까요. 에고는 투쟁 속에서만 존재합니다.

우리가 완전히 수용적으로 되면 상상력은 엄청난 힘을 발휘합니다. 상상력은 신에 가장 가까이 다가갈 수 있는 힘입니다. 신은 거대한 상상력의 소유자입니다. 그가 만든 세상을 생각해 보십시오. 꽃과 나비, 수목, 강, 사람이 넘쳐흐르는 세상, 이런 세상을 창조한 신의 상상력은 더없이 풍부합니다. 신은 세상을 꿈꾸고 우리는 그 꿈의 일부입니다.

'귀가 순하다'는 것은 '귀에 거스르지 않는다'는 뜻의 긍정적인
표현인데, 이것이 함축하는 의미를 잘 읽어야 할 것 같습니다.

소리에는 귀에 거슬리는 소리도 있고, 듣기 좋은 소리도 있습니다.
세상 사람들이 때로는 어떤 소리를 듣고는 언짢아하며, 어떤 소리를
듣고는 즐거워합니다. 대부분의 사람들은 욕하는 소리나 비판하는
소리를 들으면 화를 내고, 칭찬하거나 아부하는 소리를 들으면 기분
이 좋아집니다.

하지만 정확히 말하면 이는 어떤 소리가 객관적으로 귀에 거슬리
고 혹은 거슬리지 않는 것이라기보다 그 소리에 대한 우리의 자세 혹
은 반응이 불러일으키는 주관적인 현상임을 알아야 할 것입니다.

그래서 깨달은 경지가 높을수록 수용적이 되면서 귀에 거슬리는
소리가 줄어들 것입니다. 공자가 어떤 소리를 들어도 귀에 거슬리지
않고 순순히 모든 것을 받아들인다고 한 것은 그가 전적으로 수용적
인 경지에 이르렀음을 암시하는 것이지요.

삶은 변화이다. 여기서 귀에 거스르지 않는다는 것은 굳이 물리적
인 소리에 국한하지 않고 삶의 모든 영역에서 수용적인 자세로 살면
서 행복해하는 것을 의미합니다. 우리가 행복보다 불행을 더 많이 느
끼면서 사는 것은 그만큼 수용성이 부족하기 때문입니다.

모든 사물은 잠시도 머무르지 않고 변하는 과정에 있습니다. 이를
이해하고 수용하지 못할 때 우리는 괴롭습니다. 불행은 우리에게 변
화가 일어나도록 허락하지 않기 때문에 발생합니다. 우리는 매사 집
착하며, 사물이 고정적이기를 원합니다.

가령 우리가 어떤 사람을 사랑한다면, 그가 오늘 나의 애인인 것과

똑같은 방식으로 내일도 그를 원합니다. 이것이 바로 불행이 생기는 근원입니다. 어느 누구도 다음 순간에 대해 확신할 수 없습니다. 누가 내일에 대해 무슨 말을 할 수 있습니까? 깨달은 사람은 삶이 끊임없이 변화하고 있다는 사실을 압니다.

삶은 변화입니다. 계절과 환경을 포함해서 단 한 순간도 멈추지 않고 끊임없이 흐르는 삶의 본성을 받아들이는 것은 슬기로운 일입니다. 변화하는 존재를 받아들이는 것은 행복한 일입니다. 이때는 아무도 우리의 행복을 교란할 수 없습니다. 문제를 낳는 것은 영원함에 대한 우리의 갈망입니다.

깨달은 사람은 변화의 현상을 받아들일 만큼 충분히 용기가 있습니다. 그리고 이 받아들임 속에 축복이 있습니다. 그때는 일체가 좋으며, 그때는 결코 좌절하지 않습니다. 왜냐하면 우리는 어떤 것도 영원하기를 요구하지 않기 때문입니다. 장자의 유명한 일화는 이를 이해하는 데 크게 도움이 될 것입니다.

장자는 아내가 세상을 떠났을 때, 울지 않았을 뿐만 아니라 노래까지 불렀습니다. 죽음에 대한 그의 수용성은 우리로서는 가히 상상도 할 수 없는 경이적인 것입니다. 그는 아내가 죽은 날 노래를 부를 수밖에 없었던 이유를 이렇게 말합니다.

"아내가 죽었으면 죽은 겁니다. 저는 아내가 영원히 살 것으로 기대하지 않았습니다. 영원히 살 것으로 기대하는 사람은 울어야 하지요. 하지만 저는 아내도 어느 날엔가는 죽어야 하는 존재임을 항상 알고 있었습니다. 오늘이 그날이 되었습니다. 죽음은 어느 날 누구에게나 찾아옵니다. 왜 노래를 부르면 안 되는 겁니까?

죽음이 찾아왔을 때 노래를 부를 수 없는 사람은 살아서도 노래를 부를 수 없습니다. 왜냐하면 삶은 끊임없는 죽음이기 때문이지요.

우리가 태어나는 순간 죽음도 함께 태어납니다. 우리는 삶 속에서 자라고 있으면서 동시에 죽음 속에서도 자라고 있는 것입니다. 죽음이란 건 삶의 절정입니다. 그런데 왜 노래를 불러서는 안 된다는 것입니까?

저 불쌍한 여인은 저와 여러 해를 함께 살았습니다. 그 여인이 세상을 떠나는 데 감사의 마음으로 노래를 부를 수 없는 겁니까? 저는 아내가 사랑과 평화와 노래 속에서 떠나가길 바랍니다. 왜 제가 울어야 합니까? 우리는 뭔가를 바랐을 때 그것이 이뤄지지 않으면 웁니다. 저는 아내가 영원히 살기를 바라지 않았습니다. 무엇을 기대하거나 바라지 않는 사람은 불행해질 수 없는 것입니다."

이는 한 평생 기대와 실패를 거듭하면서 사는 우리로서는 도저히 이해할 수 없는 경지입니다.

> 좋은 것을 받아들이는 것은 자연스럽지만, 나쁜 것도 받아들이라는 것은 결코 쉽게 이룰 수 있는 일이 아닐 듯합니다. 만일 모든 것을 다 받아들일 수 있게 되면 우리에게 어떤 변화가 생길지 궁금하면서 기대도 됩니다.

우리는 행복한 일이 생길 때는 그것을 받아들입니다. 행복이 생길 때는 어떠한 의문도 갖지 않습니다. 그러나 고통스러운 일이 생길 때, 불행한 일이 생길 때는, 우리는 즉시 "왜 이런 일이 일어나는가? 왜 나에게 이런 일이 일어났단 말인가?" 이렇게 부르짖습니다. 둘 다에 대해 똑같이 대하도록 노력하십시오. 둘 다에 대해 똑같은 태도를 지니는 것이 좋습니다.

두 가지 가능성이 있습니다. 하나는 행복에 대해 가졌던 태도를 불행에 대해서도 갖는 것이고, 다른 하나는 불행에 대해서 가졌던 태도를 행복에 대해서도 갖는 것입니다. 둘 다 받아들이든가 둘 다 거부하는 것입니다.

그렇게 하면 우리는 변화할 것입니다. 둘 다 받아들일 수 있으면, 고통스러운 일이 생길 때 그것을 삶의 일부로 받아들이면 고통의 본질이 변형됩니다. 받아들임을 통해 그 질이 변화됩니다. 아무도 고통을 받아들이지 못하기 때문입니다.

고통을 받아들이면 고통은 변화되어서 어느 새 그것은 더 이상 고통이 아닌 것이 됩니다. 우리는 행복만을 받아들일 수 있기 때문입니다. 그것의 더 깊은 의미를 이해할 수 있으면, 우리가 받아들이는 것은 모두 행복이 되고, 우리가 거부하는 것은 모두 고통과 불행이 된다는 것입니다.

어떤 것도 본래 행복이 아니고, 어떤 것도 본래 불행이 아닙니다. 그것은 수용과 거부일 따름입니다. 어떤 사람을 사랑할 때 우리는 행복합니다. 그 사람을 받아들이자 행복이 생깁니다. 그러나 그 사람을 우리가 거부하는 때가 찾아옵니다. 그 사람은 똑같은 사람인데, 우리가 그를 사랑하지 않고 그를 받아들이지 않는 것이지요. 그 사람이 지금은 불행을 만들고 있지만, 전에는 바로 그 사람이 행복을 만들었습니다.

같은 대상이 이렇게 행복과 불행을 줄 수 있습니다. 받아들이느냐 거부하느냐에 달려 있는 것이지 대상은 관계없습니다. 고통과 행복 모두를 똑같이 받아들일 수 있는 사람은 초월할 것이고, 둘 다 거부할 수 있는 사람도 초월할 것입니다.

거부와 수용 이것이 바로 변화를 위한 가장 근본적인 방법입니다.

하나는 모든 것을 받아들이는 것입니다. 힌두교인들이 따랐던 긍정적인 길입니다. 우파니샤드는 모든 것을 받아들이는 이 길에 속합니다. 그런가 하면 모든 것을 거부하는 부정적인 길도 있습니다. 불교도들이 그 길을 택했지요. 그것은 부정적인 길입니다. 그러나 이 두 가지 길은 모두 같은 역할을 합니다.

행복을 거부하면 우리는 결코 불행해질 수 없습니다. 불행을 받아들이면 우리는 결코 불행해질 수 없습니다. 불행을 받아들이는 사람을 어떻게 불행하게 만들 수 있겠습니까. 행복마저 거부하는 사람을 어떻게 불행하게 만들 수 있겠습니까.

문제가 생기는 것은 구분하기 때문이지요. 우리는 이것은 행복이고 저것은 불행이라고 말합니다. 우리의 마음은 늘 이렇게 구분을 합니다. 하지만 실재는 구분되지 않아요. 실제로는 불행이 행복이 되고 행복이 불행이 되기도 하지요. 그것들은 서로 하나인 채로 먼 길을 함께 흐르고 있습니다.

그것은 정상과 골짜기와 같습니다. 정상이 있으면 골짜기도 있게 마련이지요. 골짜기와 정상은 서로 반대되는 것이 아닙니다. 그것들은 한 가지 현상의 부분들입니다. 골짜기를 거부하고 정상만 받아들이면 불행하게 될 것입니다. 정상이 있으면 골짜기도 있기 때문이지요. 정상이 높을수록 골짜기는 더 깊으니까요. 그래서 에베레스트 산을 사랑한다면 깊은 골짜기도 사랑해야 합니다. 행복은 정상과 같고 불행은 골짜기와 같습니다.

행복의 정상에 도달할 때마다 즉시 불행이 뒤따를 것입니다. 그것이 바로 삶이라는 것을 받아들여야 합니다. 정상만을 받아들이고 골짜기는 받아들이지 않겠다고 말한다면 어리석은 노릇입니다. 그러면 우리는 슬퍼질 것입니다. 비참해질 것입니다.

눈물이 흐르면 흐르는 대로 내버려두고 그것을 즐기십시오. 무슨 일이 일어나든 그것을 신의 선물로 받아들이십시오. 그러면 문득 놀라게 될 것입니다. 나도 모르는 사이에 이제껏 알지 못했던 어떤 깊이와 지각을 느끼게 되지요.

이것은 육체적인 눈뿐만 아니라 영적인 눈까지도 깨끗하고 투명하게 씻어주기 때문에, 이제 우리는 사물을 깊이 보기 시작합니다. 사물뿐 아니라 사람까지도 투명하게 보이기 시작합니다. 그리고 이것이 슬픔이 아니라 침묵이라는 사실을 알게 됩니다.

침묵과 슬픔은 하나라서 이 때문에 종종 오해가 일기도 하는데, 그 공통점이란 바로 깊이입니다. 슬픔 속에서 일어나는 깊이와 침묵 속에서 일어나는 깊이는 같은 것이지만, 슬픔은 부정적인 상태고 침묵은 긍정적인 상태입니다. 단지 이 차이뿐이지만 이는 실로 커다란 차이입니다.

진정한 삶에서 듣기의 가치와 중요성은 아무리 강조해도 부족할 것입니다. 우리는 '듣기' 하면 보통 영어의 'hear'와 'listen' 식으로 구분할 줄밖에 모릅니다. 여기서는 그 이상의 어떤 경지를 의미할 듯합니다.

듣기의 궁극적 목표는 'hear'도 아니고 'listen'도 아닙니다. 사람들은 귀를 갖고 있지만 귀 기울이지 않습니다. 기껏해야 들을 뿐입니다. 귀가 있으므로 들을 수는 있습니다. 그러나 귀 기울이기 위해서는 어떤 것이 더 요구됩니다. 귀와 더불어 고요한 마음, 간섭하지 않고 판단하지 않는 마음이 필요합니다. 그때 듣는 것은 귀 기울임이 될 것입니다.

귀 기울임은 우리가 그것에 찬성하거나 반대하는 것을 뜻하는 것이 아닙니다. 가령 소나무 사이로 바람이 불어올 때 우리는 그 바람에 찬성하거나 반대하지 않고 단지 고요히 귀 기울일 뿐인 것과 같은 이치이지요.

수용적인 듣기 'hear'는 청각에만 의존할 뿐이어서 의식적이지 못하며, 'listen'은 너무 의식적이어서 심각해지기 쉽습니다. 사실 어느 것도 심각하게 받아 들여서는 안 됩니다. 사태를 심각하게 받아들이기 시작하면 요점을 놓쳐 버리게 되니까요. 경전조차도 심각하지 않게 받아들여야 합니다. 그때 비로소 그것을 이해할 수 있습니다.

이해란 깊고 느슨하고 심각하지 않고 즐거운 태도일 때만 가능합니다. 심각해졌을 때 우리는 닫히고 맙니다. 유희에 충실할 때 우리의 내부에서는 많은 것들이 야기됩니다. 유희성이 창조성이기 때문입니다. 유희성 속에서만 우리는 혁신적일 수 있습니다. 그러나 실상 우리는 계속 심각합니다.

붓다가 어느 마을에 왔습니다. 마을 사람들이 모두 모였지만, 그는 누군가를 기다리고 있었습니다. 한 사람이 말했습니다. "사람들이 다 모였으니, 이제 말씀을 시작하셔도 됩니다." 붓다가 말했습니다. "나를 여기 오게 한 그 사람은 아직 안 왔다. 나는 더 기다려야 한다. 그대들에겐 나의 말이 들리겠지만 나의 말을 들을 수는 없다."

마을 사람들은 크게 동요하였습니다. 훌륭한 사람들이 모두 모여 있었기 때문입니다. 그때 한 여자 아이가 왔습니다. 매우 평범하고 가난해 보이는 아이였습니다. 아이는 밭에서 돌아오고 있었습니다.

붓다는 이렇게 말한 것으로 전해집니다. "이 마을에선 오직 이 아이만이 수용적이다. 이 아이 때문에 나는 이곳까지 온 것이다. 이 아이는 많이 알지도 못하고, 어떤 면에서도 부유하지 않다. 아이는 존경받을 만하지도 못하고, 불가촉천민에 속하는 가난하고 알려지지 않은 아이이다.

하지만 이 아이는 수용적이다. 그것이 나를 불렀다. 이 아이의 수용성은 너무나 커서 이웃 마을에 머물면서도 누군가가 나를 부르고 있는 사람이 있다는 것을 알게 될 정도였다."

이렇게 제자란 받아들일 준비를 갖춘 사람이고, 수동적이고 열려 있고 상처 입기 쉬운 사람입니다. 그리고 스승은 넘쳐흐르며, 자신의 마지막 몸까지 존재에 퍼뜨리는 사람입니다. 그리고 그렇게 되기 위한 최선의 방법은 구도자들의 음식이 되는 것입니다.

이것이 예수의 성찬식입니다. 예수가 이 지상에서 마지막으로 한 일은 제자들을 불러 최후의 만찬을 연 것 아니었습니까. 그래요. 그것은 상징이지요. 그것은 예수가 떠나기 전에 제자들이 완전히 그를 먹어야 한다는 것을 상징합니다.

우리가 깨닫게 될 때, 책임은 전적으로 우리에게 달려 있습니다. 책임은 외부에서 가해지는 의무가 아닙니다. 그것은 내면으로부터 나옵니다. 그리고 깨달으면 그것을 나누어 주어야 합니다. 깨달음이라는 현상 자체는 다른 사람들에게 나누어 주어야 하는 현상입니다. 깨달은 사람은 자기를 받아들이고 먹을 수 있는, 자기가 음식이 될 수 있는 사람들을 찾아내야 합니다.

듣기의 핵심은 수용성이라는 말씀이지요. 과연 얼마나 수용적이어야 그런 경지로 나아갈 수 있을지 아득하기만 합니다.

이순耳順이란 귀로 들어오는 어떤 소리도 거슬리지 않고 순순히 받아들여지는 것을 말합니다. 바로 수용성의 상징입니다. 인생에서 수용이란 삶을 있는 그대로 받아들이는 것이며, 삶의 모든 일을 있는 그대로 받아들이는 것이 전체적인 수용입니다.

삶을 수용하기 위해서는 어떤 편견도 없이 텅 빈 마음으로 삶을 받아들여야 합니다. 수용성은 바로 무심의 상태입니다. 모든 생각이 사라질 때, 의식 속에 아무것도 담겨있지 않을 때, 거울이 아무것도 비추지 않을 때, 수용성이 극도로 고조됩니다.

수용성을 극대화하기 위해서 우리가 줄곧 머리에 담고 다니는 생각들을 버려야 합니다. 이것은 좋고 저것은 나쁘다, 사랑은 좋고 미움은 나쁘다, 자비는 좋고 분노는 나쁘다는 식으로, 우리 생각에는 사물을 인위적으로 구분하는 버릇이 있습니다. 여기서 수용성이란 모든 것을 받아들이고 모든 구분을 떨쳐 버리는 것을 의미합니다.

우리가 갖고 있는 것은 무엇이든 필요한 것입니다. 그러므로 아무것도 부정해서는 안 됩니다. 사람 역시 낮과 밤과 같은 존재입니다. 어떤 것은 빛 속에 있고, 어떤 것은 어둠 속에 있습니다. 그렇지 않으면 그냥 표면밖에 없게 됩니다. 아무런 깊이도 없어져버리고 말게 되지요. 깊이라는 것은 어두운 것이 당연합니다. 우리는 밝은 부분을 필요로 하는 만큼 어두운 부분도 필요로 합니다.

듣기와 진리의 관계 살면서 나날이 고요한 마음으로 귀 기울인다면 마침내 무엇이 진리인지 즉각 알 수 있을 것입니다. 동시에 무엇이 진리가 아닌지도 알 수 있을 것입니다. 진리는 결코 높은 것과 낮은 것을 구분하지 않습니다.

어떤 것을 높은 것과 낮은 것으로 구분하는 순간, 우리는 병적인 이분법에 걸려들게 됩니다. 어떤 것은 신성하고 어떤 것은 저속하다고 말하는 순간 우리는 진실을 두 쪽으로 나누기 시작한 것입니다. 궁극적으로 진실은 하나이나 여러가지 형태로 스스로를 표현합니다.

가령 섹스는 절대로 낮은 것이 아니며, 사마디(삼매)가 높은 것도 아닙니다. 사마디와 섹스는 동일한 에너지의 두 가지 표현에 불과할 뿐입니다. 사마디에 고상한 것도 없고 섹스에 비난할 만한 것도 없습니다.

육체에 어떤 좋지 못한 것이 있을 수도 없고 영혼에 특별히 어떤 아름다움이 있을 수도 없습니다. 두 가지 모두가 아름답습니다. 이 것이 바로 가장 위대한 비이분법적 이해입니다.

삶은 선물이다. 삶이 가져다주는 것을 우리는 모두 받아들여야 할 것입니다. 삶이 우리에게 가져다주는 것은 어떤 것이든지 간에 기쁨과 감사함으로 받아들일 일입니다. 삶은 참으로 신비하게도 우리에게 필요한 것을 고루 다 가져다주기 때문입니다.

혹시 봄날 미풍이 불어올 때 우리는 이것이 존재계가 주는 선물이라는 생각을 해 보았습니까? 하늘에 유유히 구름이 지나갈 때, 불타는 석양과 무지개의 아름다운 색조를 보았을 때, 존재계에 감사함을 느껴본 적이 있습니까? 깨어 있음으로써 우리는 더욱 더 많은 것들을 느끼고 받아들이게 될 것입니다.

그런 수용적인 자세 속에서 우리는 비로소 감추어진 초월을 맛볼 것입니다. 삶을 즐겁고 자연스럽게 받아들이는 것이 좋습니다. 그저 찾아오는 그대로 모든 것을 수용할 수 있는 너그러운 마음으로, 다양한 모습을 취하고 있는 그것을 각기 새로운 감동으로 반기는 것이 좋습니다.

삶은 선물입니다. 그러나 그렇게 인식하는 사람은 거의 없습니다.

신은 아무 말도 하지 않고 계속해서 삶을 퍼주고 있기 때문입니다. 전혀 아무 말도 없기 때문에 우리는 우리가 받은 것이 얼마나 굉장한 보물인지 깨닫지 못합니다. 그렇다고 신은 감사를 기대하지도 않습니다.

신은 그것을 전혀 자랑하지 않습니다. '나는 존재의 가장 귀중한 것, 삶과 의식 그리고 사랑을 인간에게 주고 있다.' 이렇게 한 마디 귀띔조차 하지 않습니다. 신은 진실로 주는 법을 알고 있습니다. 선물을 받는 사람이 그것을 알아채지 못하도록 주는 것, 그렇지 않으면 어색해져서 받는 사람이 당황스러울 수도 있으니까요.

신은 아무도 모르게 익명으로 줍니다. 받는 사람이 주의 깊게 생각지 않으면 결코 그것이 선물임을 깨닫지 못하지요. 그것을 의식하게 될 때, 우리는 더 많이 받을 수 있게 됩니다. 우리가 그것에 감사하게 된다면 우리는 더 많이 받을 자격을 갖추게 됩니다.

자신에게 일어나는 모든 것에 대하여 신에게 감사하는 사람은 계속해서 점점 더 많은 것을 받습니다. 감사하는 마음은 점점 더 열리게 되고, 점점 더 수용성이 커지기 때문입니다.

삶이 선물임을 결코 잊지 말 것입니다. 삶 안에서 우리에게 일어나는 모든 것은 위대한 선물입니다. 생각하면 모든 괴로움과 모든 즐거움들, 모든 고통과 모든 환희들, 모든 행운과 모든 역경들, 이 모든 것이 다 아름답습니다. 삶은 우리의 성장을 위하여, 우리의 삶이 궁극적으로 꽃피는 것을 위하여 존재하기 때문입니다.

삶에서 무엇보다 받아들이기 어려운 일이면서 반드시 받아들여야 할 필요가 있는 것 중의 하나가 새로운 세계입니다. 이순
耳順을 이와 관련해서 생각해보고 싶습니다.

새것은 저 너머 어디 보이지 않는 세계로부터 오는 것입니다. 새것이 문을 두드리면 우리의 모든 과거는 위험을 느끼지요. 새것은 우리에게 익숙한 것이 아니니까요. 우리는 지금까지 한 가지 방식으로 살았고, 한 가지 방식으로 사고했으며, 우리의 믿음에 근거해 편안한 삶을 구축했습니다. 그런데 끊임없이 새로운 그 무엇이 문을 두드리고 있습니다. 그럴 때마다 지금까지 길들여진 익숙한 삶의 양식은 혼란에 빠지게 됩니다.

문을 열어 새것을 받아들이면 다시는 과거의 모습으로 돌아갈 수 없습니다. 새것이 우리를 변화시키기 때문입니다. 새것은 위험합니다. 어느 누구도 그 끝에 무엇이 있는지 알지 못합니다.

반면 옛것은 이미 알고 있는 것이어서 친숙하지요. 오랫동안 살았던 방식이며 낱낱이 알고 있는 것들입니다. 이와 달리 새것은 생소하지요. 친구가 될지 적이 될지 알 수 없습니다. 알 수 있는 방법은 오직 한 가지, 새것을 받아들이는 것입니다. 그럴 때 염려스런 마음과 두려움이 몰려옵니다.

새로워지기 위해서는 용기가 필요하다. 그러나 새것을 계속 거부할 수는 없습니다. 옛것은 우리가 원하는 것을 이제는 주지 않습니다. 모든 옛것은 반복에 불과합니다. 권태롭고 단조로울 뿐입니다. 옛것은 친숙하기는 하지만 퇴보와 불행의 원천입니다.

새것을 대하면 불편할 수도 있지만 거기에는 가능성이 있습니다. 행복을 가져올지 모릅니다. 그래서 거절할 수도 받아들일 수도 없는 난처한 입장에 빠지게 됩니다. 우리는 동요하고, 두려움에 떱니다. 이것은 자연스러운 과정입니다. 이것이 새것의 존재 방식입니다. 새로운 것이 왜 우리 앞에 나타났는지 이해하려고 해야 합니다.

새로워지기 위해서는 무엇보다 용기가 필요합니다. 그러나 세계는 겁쟁이들로 가득 차 있습니다. 겁에 질린 사람들은 내적 성장을 가져오지 못합니다. 그 대신 그 대체물을 찾기 시작합니다. 존재는 성장하지 못하면서 은행 잔고만 늘려 갑니다. 이럴 때 은행 잔고가 성장의 대체물이 됩니다.

은행 잔고가 많아질수록 우리는 자신이 성장하고 있다고 착각합니다. 존경을 얻고 명성이 자자해지면 자신이 성장하고 있다고 생각합니다. 하지만 이것은 자신을 기만하는 것입니다. 이름은 내가 아니며, 명성도 내가 아닙니다. 은행 잔고 또한 우리의 존재가 될 수는 없습니다.

어떻게 하면 새로운 사람이 될 수 있을까요? 되고 싶다고 누구나 새로운 사람이 될 수는 없습니다. 새로움은 저 너머 세계의 신으로부터 오는 것이니까요. 마음은 항상 낡았습니다. 마음은 과거의 축적이기에 결코 새로울 수 없습니다.

새로움은 저 너머 세계에서 옵니다. 이것은 신이 주는 선물입니다. 우리는 저 너머 세계를 잊었는지 모르지만 초월의 세계는 결코 우리를 잊어본 적이 없습니다. 아이는 엄마를 잊을 수 있지만 엄마는 아이를 절대 잊지 못하는 것과 같습니다.

나는 혼자라고 생각할지 모르지만 존재계라는 전체는 내가 동떨어진 존재가 아님을 알고 있습니다. 여전히 우리와의 끈을 놓지 않고 있습니다. 우리가 환영하지 않음에도 불구하고, 새것은 이런 이유로 계속 우리를 찾아옵니다. 내면의 눈이 뜨였다면 새로움이 끊임없이 찾아온다는 사실을 알 것입니다.

존재계는 계속 우리의 문을 두드리지만, 우리는 과거 안에 숨어 문을 걸어 잠급니다. 그리고 스스로 무덤 속에 갇힙니다. 아무 감각도 없습니다. 겁에 질려 모든 감각을 잃었습니다. 감각이 예민하게 살아 있다면 새것을 금방 감지할 수 있지요.

새것이 주는 짜릿한 전율을 느끼며, 새것에 대한 열정과 모험심이 솟아올라, 미지의 세계로 출발하려고 할 것입니다. 어디로 가는지 모르는 채로 용기 있게 나설 것입니다. 마음은 옛것을 버리는 것이 이성적인 행동이 아니라고 생각합니다. 그러나 신은 항상 신선하고 새롭습니다. 그리고 언제나 우리 안으로 들어올 수 있습니다.

인생으로 들어오는 새로운 모든 것은 신의 메시지입니다. 새것이 들어올 수 있도록 우리는 조금 더 가슴을 열고 기뻐하며 그것을 맞을 준비를 해야 합니다. 가끔 새것이 우리를 불편하게 만들 수도 있으나 이것 또한 가치 있는 일입니다.

때로 우리를 샛길로 잘못 인도할 수도 있으나 이것도 의미 있습니다. 사람은 잘못을 통해 배우기 때문이지요. 고난을 통해 성장하기 마련인 때문이지요. 새것은 어려움을 동반합니다. 그래서 우리는 쉽게 옛것에 집착하곤 합니다. 옛것은 위안과 안식처를 제공하니까요.

새것이 문을 두드릴 때, 우리는 받아들일 수도, 거절할 수도 있습니다. 거절하면 우리는 언제나 굳은 돌과 같이 생명 없는 존재가 됩니다. 새것을 받아들이면 꽃과 같은 존재가 되어 향기롭게 활짝 피어날 것입니다. 새것을 받아들임으로써 변화해야 합니다.

이것 외에 다른 변화는 없습니다. 이것은 우리의 노력과 능력만으로 되는 것이 아닙니다. 그렇다고 아무것도 하지 말라는 뜻이 아니고 과거에서 비롯된 의지, 방침, 충동에서 벗어나 행동하라는 의미입니다.

보통 방법으로는 새것을 찾을 수 없습니다. 그것이 무엇인지도 모르는데, 한 번도 접한 적이 없는데 어떻게 찾을 수 있겠습니까? 새것에 대한 탐구는 마치 미답의 땅으로 향하는 탐험과 같지요. 철저히 무의 상태지요. 아무 것도 없는 상태에서 시작해야 합니다. 어린아이처럼 순진무구하게 그리고 무한한 가능성이 주는 짜릿함을 맛보면서 미지의 세계로 들어가야 합니다.

그러면 매일 새로운 문이 열리고 새 빛이 나타나고 새 통찰이 일어날 것입니다. 새로운 깨달음으로 인해 계속 변화를 거듭할 것입니다. 그리고 어느 날 갑자기 우리는 자신이 매 순간 새롭게 거듭나고 있음을 자각하게 될 것입니다. 옛것은 더 이상 주위에 남아 있지 않습니다.

자욱하게 둘러싸고 있던 옛것은 이제 모습을 감추고, 우리는 이슬 방울처럼 새롭고 신선한 존재가 됩니다. 이것이야말로 참 부활이라 할 수 있지 않을까요. 부디 새것에 귀를 기울이고 새것과 동행하십시오. 두렵더라도 늘 새것과 함께 하십시오. 그러면 우리의 인생은 점점 더 부유해질 것입니다.

깨달은 사람의 이순耳順의 모습은 얼마나 아름다울 것인지, 상상조차 어렵습니다. 그의 전체적인 수용성의 예를 볼 수 있다면 좋겠습니다.

삶의 심오한 차원의 이해에 도달한 사람은 무슨 일이 일어나도 좋다는 마음가짐으로 삶과 깊은 조화를 이루며 살아갑니다. 그는 특정한 사건이 발생하기를 원하지 않습니다. 그러므로 무슨 일이 발생하건 그것은 좋은 일입니다.

재난을 초월한다는 것은 그가 존재계와 깊은 조화를 이루고 있음을 의미하지요. 거기에 실패나 절망은 없습니다. 어떤 경우에도 그의 침묵과 진실은 방해받는 법이 없습니다.

그것은 그렇게 일어날 것이었다. 붓다는 이런 경험을 여여如如라고 이름 붙였습니다. 무슨 일이 일어나든 간에 그는 "그것은 그렇게 일어날 것이었다."고 말하곤 했습니다. 만일 우리가 다른 일이 일어나기를 기대하고 있었다면, 그때엔 슬픔과 절망이 우리를 덮칠 것입니다.

삶은 우리에게 친절하지 않습니다. 그러나 붓다에게 삶은 항상 친절합니다. 그에게 존재계는 항상 자비롭습니다. 무슨 일이 일어나든 간에 그것은 그럴 수밖에 없었다고 이해하기 때문입니다. 그러나 우리는 어떤 좋지 않은 일, 우리가 원하지 않는 일, 일어나서는 안 된다고 간주하는 일이 일어나면, 그 순간 당황하거나 놀라면서 슬픔과 저주하는 마음으로 들끓기 마련입니다. 우리가 삶을 이해하는 수준은 붓다에 비해서 까마득히 낮은 바닥에 머물러 있습니다.

붓다에게는 존재하는 것 자체 이외에 다른 욕망은 없었습니다. 제자가 죽었을 때도 그는 "애석할 게 없다. 그의 때가 온 것이다."라고 말했습니다. 붓다는 이런식으로 사물의 본성은 여여如如하다고 믿었기 때문에 여여를 믿는 사람이라는 의미의 여래如來라는 이름을 얻었습니다.

우리는 그런 사람을 방해할 수 없습니다. 그는 모든 방해를 절대적인 환영으로 받아들일 것입니다. 그에게는 전체적인 수용만이 있을 뿐입니다. 전체적인 수용성과 더불어 재난이 사라지고, 삶은 온전히 평온하고 고요합니다. 아무것도 그를 혼란시킬 수 없습니다. 그런 평온함과 고요함 속에서만, 우리는 아무런 흔들림도 없는 고요한 호수에 비친 사물처럼 명징하게 우리 자신을 보게 되지요.

일흔 살에는 멋대로 해도 법도를 넘지 않았다

공자는 일흔 살이 되어서는 마음대로 행동해도 조금도 잘못을 저지를 수 없었다고 합니다. 보통 사람들에게 마음대로 행동하게 내버려두면 그와 반대로 잘한 일이 없을 것 같은데, 하고 싶은 대로 해도 법도에 어긋나지 않는 것은 도대체 어떤 경지일지 짐작하기조차 어렵습니다.

여기서 마음 심心은 무심無心과 같은 의미로 이해해야 할 것입니다. 우리는 어떤 단어를 반대로 쓰는 오랜 습관을 가지고 있습니다. 비근한 예로, '주책을 떨다, 주책을 부리다' 등에서 주책은 '나이가 들면서 주책이 없어져 간다.'는 말의 '주책'과는 상반된 의미를 지닙니다.

주책의 원래 의미는 '일정하게 자리 잡힌 주장이나 판단력'이라 할 수 있으나 이와 반대로 흔히 '일정한 줏대가 없이 되는대로 하는 짓'으로 쓰이기도 합니다. 다른 예로, 건설 현장에서는 녹슬지 않는 쇠인 '스테인리스stainless'를 흔히 녹스는 쇠를 의미하는 '스테인'이란 말로 일컫는 것을 보기도 합니다.

마음은 삶에서 가장 문제를 많이 일으키는 골칫거리이나, 깨달음을 향해 나아가면서 조금씩 이를 극복해가다가 급기야는 초월하여 무심의 단계로 접어들게 되는 것입니다. 그리고 마음을 완전히 초월한 경지에서는 초월했다는 사실 자체도 의식하지 않게 되는 것이 자연스러운 것입니다.

만일 추호라도 자신이 초월했다는 생각이 남아 있다면 이는 아직 완전히 초월하지 못한 마음 상태에 있음을 반증하는 것입니다. 이런 성취감 또한 에고에서 기인하는 일종의 우월감에 속할 터이기 때문입니다. 공자는 이런 함정에 빠지지 않고 소박하게 마음이란 말로 무심을 의미하였을 것입니다.

마음과 무심을 바꿔 쓴 예는 불경의 영역에서도 보입니다. 영어 불경에서 'mind'(마음)란 말은 'no mind'(무심)로 이해해야 할 경우가 있습니다. 영어에서는 무심이란 개념이 없기 때문에 이런 오해의 소지가 있을 수 있습니다.

가령「달마어록」중의 '삼계에 나타나는 모든 것들은 결국 마음으로 돌아온다.'는 문장에서 '마음'이란 단어는 '무심'으로 이해해야 할 것입니다. 이때 마음은 잘못된 번역입니다. 마음은 초월해야 할 그 무엇으로 그 마음은 병입니다. 명상은 그 마음을 초월하려는 행위입니다. 그래서 마음 대신에 무심으로 그것을 이해해야 한다는 것입니다.

그저 자신을 실현할 뿐 이와 관련해 우리는 단순히 언어 습관의 문제를 넘어서, 우리가 간과하는 삶의 본질적인 문제를 생각해 보고자 합니다. 지금 우리 사회에서는 봉사활동이 유행하고 이것이 제도적으로 평가되기까지 하면서 많은 부작용을 낳고 있습니다.

엄밀히 말해서 자칭 봉사활동이라고 내세우고 악용하는 것은 진정한 봉사가 될 수 없습니다. 이런 사이비 봉사활동은 쉽고 넘쳐날 정도로 많지만, 아무 목적 없이 순수하게 무심에서 기인하는 진정한 봉사활동은 매우 어려우며 우리의 상상을 초월할 정도로 매우 숭고한 현상이라 할 수 있습니다.

오직 지복에 찬 사람만이 다른 사람에게 도움이 될 수 있습니다. 오직 지복만이 우리를 연민을 가진 사람으로 만들 수 있습니다. 오직 지복만이 우리의 삶에서 다른 사람을 도와줄 수 있고 봉사할 수 있는 아름다운 에너지를 만들어 낼 수 있습니다. 지복에 차 있지 않다면 누구에게도 봉사할 수 없습니다. 자신은 봉사하고 있다고 생각할지 모르나, 오히려 해를 끼치고 있을 뿐입니다.

불행한 사람은 사람들에게 오직 불행만을 줄 수 있습니다. 우리는 우리가 가진 것만 줄 수 있기 때문입니다. 선한 의도를 가지고 있느냐 아니냐는 문제가 안 됩니다. 도와주고 싶어도, 우리 내부에 흘러넘치는 지복의 에너지가 없다면 반드시 해를 끼치게 됩니다. 부모들은 자신들이 아이들을 도와주고 있다고 생각하지만 실상은 아이들을 파괴하고 있을 뿐입니다.

이것은 부모들이 도와주고 싶어하지 않는다는 말이 아닙니다. 그들은 도와주고 싶어 하지만 그럴 능력이 없습니다. 그들의 부모는 그들을 파괴했고, 지금은 그들이 자신들의 아이들을 파괴하고 있습니다. 그리하여 불행은 계속 이어지고, 점점 더 쌓여만 갑니다.

그러므로 진실로 깨달은 스승은 제자들에게 인류에 봉사하라고 말하지 않습니다. 그저 자신을 실현하라고 말합니다. 그때 봉사가 찾아올 것입니다. 봉사에 대하여 이야기할 필요가 없어요. 봉사는 그림자처럼 저절로 따라오지요. 우리가 봉사를 따라가는 것이 아니라 봉사가 우리를 따라오고, 그때 봉사는 하나의 커다란 축복입니다.

종심소욕불유구從心所欲不踰矩**의 경지는 이상적으로는 얼마든지 가능할지라도, 그것을 실현하기는 불가능할 것 같습니다.**

그래요. 세속에서는 결코 찾아볼 수 없는 경지일 것입니다. 하지만 구도의 세계에서는 그렇게 어렵지 않습니다. 예를 들어서 탄트라에서는 여성과 섹스를 하기로 되어 있는 사람은 몇 달 동안 그녀를 어신으로 모셔야 한다고 합니다. 우선 여성을 통해 모신母神을 떠올릴 수 있어야 한다는 것입니다.

모신을 보는 과정이 완성되어 더 이상 욕정이 솟구치지 않을 때, 눈앞에 여성이 발가벗고 앉아 있는 것을 보면 욕정이 일어나는 것이 아니라 신성한 에너지로 전율하게 되었을 때, 여성의 형상 자체가 신성하게 느껴지고 모든 사념이 멈추고 오직 깊은 경외심만 남았을 때, 이때 비로소 섹스를 하는 것이 허용된다는 것입니다.

이는 참으로 어처구니없는 궤변으로 들립니다. 섹스에 대한 욕구가 없을 때 섹스가 허용된다니. 여성이 여신으로 보여야만 그녀와 섹스를 하는 것이 용인된다니. 그러나 그래야 그 사랑이 하늘 높이 비상하여 절정에 도달할 수 있다는 것입니다. 이제 그 사랑은 세속의 일이 아닙니다. 그것은 두 육체의 부딪침이 아니라 두 존재의 만남입니다. 두 영혼이 만나 하나로 녹아듭니다. 그리고 둘 다 깊은 '홀로 있음'의 경지에 들어 다시 태어나게 됩니다.

홀로 있음, 즉 독존獨存은 순수성을 의미합니다. 독존은 내가 그저 나 자신일 뿐 다른 사람이 아니라는 것을 의미합니다. 독존은 우리가 순금과 같음을 뜻합니다. 순수한 금만 있을 뿐 다른 불순물은 섞여 있지 않습니다. 오직 나 자신이 있을 뿐이지요. 자신에 대한 사랑은 사람을 홀로 있게 만듭니다.

깨달은 사람이 불유구不逾矩하는 것은 우리가 법을 어기지 않으며 부도덕한 일을 하지 않고 모범적으로 사는 것과는 차원이 다를 것 같은데, 그 경계를 잘 모르겠습니다.

여기에는 본질적인 차이가 있습니다. 그러나 세상에서는 이를 혼동하고 있을 뿐만 아니라 반대로 생각하기도 합니다. 법이란 일종의 규칙이고, 규칙이란 그릇된 것을 대비해서 존재하며, 진실을 위해서 존재하지는 않습니다.

어떻게 사랑에 법률이 개입할 수 있습니까? 사랑이 없기 때문에 법률을 끌어들이는 것 아닙니까? 진실한 것은 규칙 없이도 존재할 수 있으나, 그릇된 것은 그럴 수 없습니다. 그것은 규칙에 의해서 유지되고, 도움을 받아야 합니다.

가령, 카드놀이를 할 때 규칙 없이 할 수 있습니까? 그럴 수는 없지요. 만약 그대가 "나는 나의 규칙을 따를 테니, 너는 너의 규칙을 따르라. 자, 우리 게임을 하자."고 말한다면 거기에 게임이란 있을 수 없습니다.

게임을 할 때 우리는 규칙을 따르지만 그 규칙은 단지 규칙일 뿐, 그것들 속에 진실한 것은 없다는 사실을 우리는 알고 있습니다. 우리는 그 규칙에 동의합니다. 그것이 규칙이 존재하는 이유입니다. 규칙이 지켜지지 않으면 게임은 계속될 수 없으나, 삶은 규칙 없이도 계속될 것입니다.

진정한 종교에 규칙은 없고 진실한 삶에 계율은 없다. 나무들은 어떤 규칙을 따르고 있을까요? 태양은 어떤 규칙을 따르며, 하늘은 어떤 규칙을 따를까요? 인간의 마음은 그것들도 역시 규칙을 따르고 있으며, 그 규칙에 따라 움직이고 있다고 생각합니다.

즉 모든 것을 통치하는 신이 있다고 생각합니다. 그는 위대한 초월적 통치자입니다. 또한 그가 모든 사람을 감시한다고 믿습니다. 누가 규칙을 따르며, 누가 따르지 않는지를 말이지요.

이것은 우리의 마음이 만들어낸 것입니다. 삶은 규칙 없이 존재하나 게임은 규칙 없이는 존재할 수 없습니다. 따라서 진정한 종교에는 항상 규칙이 없고, 오직 그릇된 종교만이 규칙을 가지고 있습니다. 그릇된 종교란 하나의 게임이기 때문입니다.

진실한 삶에 계율이란 없습니다. 구도자는 어떤 계율도 없이 그 안에서 물 흐르듯 흐릅니다. 그냥 존재할 뿐입니다. 바로 그의 존재로부터 모든 일이 일어날 것입니다. 그가 어떤 규칙도 없이 그냥 거기 있으면 모든 일들이 저절로 일어날 것입니다. 그때 수용이, 받아들임이 나타나고 마음이 사라질 것입니다. 어떤 규칙도 의도적으로 지켜지는 것이 아니며, 우리가 전체적으로 존재하게 되면 그 자연스런 결과로서 나타날 뿐입니다.

만약 모든 것을 받아들여야 한다는 계율을 정해서 그것을 지키려 한다면 우리는 어긋납니다. 받아들이는 데서 이미 거부가 있기 때문입니다. 만약 계율 때문에 어떤 것을 받아들여야 한다면 우리는 이미 거부한 것입니다. 마음은 말합니다. '받아들여라.' 그렇지만 왜 받아들여야만 하는지, 왜 거부하면 안 되는지 의심이 생깁니다. 그러면서 받아들임 전에 거부가 나타납니다.

만약 그런 거부가 없다면 우리는 자신이 받아들이고 있다는 사실도 모를 것입니다. 우리는 그냥 받아들이면서 강물처럼 흐를 뿐일 것입니다. 혹은 하늘에 떠도는 하얀 구름처럼 될 것이며, 결코 어떤 규칙을 따른다는 생각 없이 바람 부는 대로 움직일 것입니다.

그러나 우리는 너무 게임에 익숙해져 있으므로 규칙 없는 삶으로 나아가는 중간 단계에서도 규칙이 필요할 것입니다. 이 규칙과 게임의 세상으로부터 저 규칙과 게임이 없는 세상으로 가는 데는 하나의 다리를 통과해야 합니다. 모든 법과 도덕들은 단지 그 과도기를 위한 것이므로, 이것을 통과해야지 결코 그냥 지나칠 수는 없습니다. 그리고 만약 지나치려고 한다면 우리는 결코 피안에 이를 수 없을 것입니다.

깨달은 이는 준법주의자도 아니며 도덕적이지도 않고 굳이 그 특성을 밝히자면 종교적이라 할 수 있습니다. 도덕은 기계적이나 종교는 유기적입니다. 도덕은 외부에서 제약해 오는 것이나, 종교는 내면으로부터 성장하는 것입니다.

도덕은 하나의 사회제도이며 종교는 하나의 모험입니다. 세상에 종교적인 사람은 참으로 드물 것입니다. 그리고 이들이 있는 곳은 언제나 그 주변에 크나큰 혁명이 있습니다. 도덕적인 이들은 평범한 사람들입니다. 그들은 스스로 종교적이라고 생각할지 모르나 그러나 이는 큰 착각이며 속임수입니다.

종교적일 때 도덕은 함께 온다. 종교적일 때 우리는 도덕적이 됩니다. 종교적일 때 도덕은 그림자처럼 함께 옵니다. 종교가 여기에 있을 때 도덕은 종교에 의해서 옵니다. 그러나 전혀 종교적이지 않을지라도 도덕적인 사람은 될 수 있습니다. 우리는 정직하고 성실하며 진실하고 비폭력적이 되는 등 훌륭한 장점을 지닐 수 있습니다.

그러나 도덕적인 이는 그의 정직성을 부단히 감시해야 합니다. 늘 부정직하게 될지도 모른다는 두려움이 있기 때문입니다. 그 부정직성은 사라지지 않습니다. 그것은 억압되어 있을 뿐이지요. 그것은 그 존재의 밑바닥에서 기회를 노리고 있습니다. 그는 사랑하고 있으면서도 거기에 증오가 있음을 압니다.

도덕적인 사람은 이중적입니다. 외부에 그 일면이 있고 또 내부에 그 반대의 일면이 있습니다. 그의 존재는 끊임없이 몸부림을 칩니다. 마침내 그는 분열됩니다. 도덕적인 가르침으로 온 세상이 분열되어 있습니다. 사람들은 그들의 진면목을 잃었습니다. 그들은 가면을 쓰고 있으며, 그 가면 뒤에 자신을 감추고 있습니다.

우리가 누군가에게 사랑을 느꼈을 때, 몇 달 후에 혹은 며칠 후라도 세심한 관찰자라면 우리는 그가 그때와는 다르다는 것을 알게 됩니다. 우리가 사랑을 느꼈던 그 여자는 이 여자가 아니며, 그 남자는 이 남자가 아니라는 것을 알게 될 것입니다.

우리는 가면에 사랑을 느꼈으며, 이제 머지않아서 그 진면목을 알게 됩니다. 24시간 내내 가면을 쓸 수는 없지요. 성인이라도 휴일이 있습니다. 도덕은 분열을 일으킵니다. 내면은 진실을 감추게 되며, 외면은 허위를 표명하게 됩니다.

종교는 우리를 하나가 되게 합니다. 그것은 내면에서 외면까지 열어줍니다. 종교는 우리를 건강하게 합니다. 우리는 언제나 똑같은 맛을 보며, 따로 휴일이 없습니다. 왜냐하면 우리는 언제나 휴일에 있으므로. 그것이 바로 우리의 자연스러운 본질입니다.

도덕적인 사람은 결코 행복할 수 없습니다. 그는 슬프지 않을지도 모릅니다. 그러나 황홀할 수 없습니다. 그는 춤출 수 없으며, 노래할 수 없고 기뻐할 수 없습니다. 황홀은 우리의 것이 아닙니다. 황홀은 신이 우리를 통해서 춤추는 것입니다.

도덕적인 이는 결코 자연스럽지 않습니다. 그는 과거를 통해서 삽니다. 그는 인격을 가지고 있고 그것을 따라야 합니다. 도덕적인 사람은 인격을 가지고 있으므로 예상할 수 있습니다. 우리는 그를 신뢰할 수 있으며, 그가 내일 정직할 것이라는 것을 압니다. 자신의 정직함이 다른 사람들에게 해가 되는 상황에서도 그는 정직할 것입니다.

그는 자유가 없고, 사물을 들여다보는 눈이 없으며, 진리에 응할 수 없습니다. 계산기와 같습니다. 삶의 상황은 매 순간 변하고 있으나 그의 원칙은 여전히 굳어 있습니다. 그에게 원칙은 진실보다 더 중요합니다.

종교적인 이는 원칙이 없으며, 오로지 깨달음만이 있습니다. 종교적인 이는 인격이 없습니다. 그 대신 자각이 있습니다. 반면 도덕적인 이는 자각이 없이 죽은 관례를 따라서 행동합니다. 그는 언제나 처신할 길을 찾기 위해 그의 계율을 점검합니다.

이 구절은 공자가 도달한 깨달음의 절정을 나타내고 있습니다.
이것이 우리에게 주는 메시지는 무엇입니까?

공자가 72세에 죽은 사실로 미루어, 이 단계는 공자가 마지막으로 도달한 정신의 절정 상태라 할 수 있습니다. 다른 성인들은 그들이 도달한 상태를 나타내는 명칭으로 일컬어집니다. 붓다라는 말은 고타마 붓다의 이름이 아니라 그가 도달한 상태를 가리킵니다. 그의 이름은 고타마 싯다르타였습니다.

예수의 이름도 그리스도가 아닙니다. 그리스도란 예수에게 일어난 궁극적인 개화를 의미하며, 붓다라는 말과 같은 뜻입니다. 이 외에도 많은 붓다가 있었습니다. 만일 공자에게도 이런 방식으로 명명될 영광이 주어졌더라면, 아마도 목탁木鐸이라는 이름쯤이 가장 유력한 후보가 아니었을까 상상해봅니다.

모든 인간은 내면에 이런 능력을 씨앗의 형태로 가지고 있으며, 그 씨앗이 움터서 거대한 나무가 되고 꽃을 피우면 붓다가 되는 것입니다. 그러나 이런 일은 결코 쉽게 일어나는 것이 아니지요.

공자의 이 단계도 정확히 붓다나 그리스도의 수준과 일치하는지 여부는 속단하기 어려우나, 적어도 그런 명칭으로 불리지 않은 것이 암시하는 바를 눈여겨 볼 필요가 있을 듯합니다. 그러나 이 수준 또한 속인으로서는 감히 꿈도 꿀 수 없는 매우 높은 차원임에 틀림없을 것입니다.

공자는 집으로 돌아온 자입니다. 원이 완성되었습니다. 그는 어려서 구도의 길을 지향하고 꾸준히 정진한 끝에 마침내 인간의 의식이 도달할 수 있는 궁극의 정점에 도달하였습니다. 이런 경지에서의 그의 마음은 석가나 노자라면 무심이란 말로 표현하기에 충분할 것이나, 공자는 이런 용어를 쓰지 않고 그냥 마음이란 말로 혼용하고 있을 뿐입니다.

일반적으로 성인들은 마음을 악마로 봅니다. 심지어 마음 이외에 다른 악마는 없다고 말하기까지 합니다. 그래서 마음을 꿰뚫어보는 통찰력을 기를 것을 강조합니다. 그러나 공자에게는 여기서의 마음이 욕망의 집이 아니라 자연의 리듬과 합치된 흐름이 되는 단계에 이르렀습니다.

이런 차원에서 공자는 예절이며 도며 진리며 모든 가치에 대해서 그것이 옳기 때문에 의지로 따르는 것이 아니라, 마음속 깊은 곳으로부터 그것이 좋아서 저절로 실천하는 경지에 이르렀음에 의심의 여지가 없습니다.

욕망으로부터의 자유 이 단계의 마음은 궁극적으로 자유의 경지에 도달한 것을 의미합니다. 깨달은 이들의 탐구는 자유를 위한 것입니다. 이 단어는 말할 수 없이 중요합니다. 에고로부터의 자유, 마음으로부터의 자유, 욕망과 모든 한계로부터의 자유.

그들은 만일 우리가 내면에 우리의 의식이 완전히 자유로울 수 있는 공간을 창조한다면, 그때엔 모든 것이 성취된다고 말합니다. 신이 성취되고 진리가 성취됩니다. 아름다움과 지복이 성취됩니다. 그러나 이 모든 것은 오직 자유 안에서만 가능합니다.

만일 우리가 욕망으로부터 자유로울 수 있으면 슬픔은 자동적으로 사라집니다. 슬픔은 욕망의 그림자이기 때문입니다. 욕망이 많을수록 우리는 더 절망합니다. 지금까지 어떤 욕망도 충족되지 않았기 때문입니다. 욕망은 결코 충족될 수 없습니다. 우리가 무능력해서 욕망을 이루지 못하는 게 아니라, 욕망의 본성 자체가 충족 불가능입니다. 욕망은 계속해서 거대해지기 때문이지요.

욕망의 성취 또한 마찬가지입니다. 욕망의 성취는 우리를 유혹하면서 평생을 낭비하게 합니다. 그리하여 임종 시에도 우리와 욕망의 거리는 한 걸음도 좁혀지지 않습니다. 우리는 모든 것을 가져도 가난할 것입니다. 세상의 모든 것을 손에 넣어도 불만은 전보다 더 심해질 것입니다.

그러나 공자는 얼마 뒤에 죽음을 맞으면서도 조금도 두렵거나 괴롭지 않았던 것 같습니다. 그의 죽음은 죽음이 아닐 것이기 때문입니다. 죽음은 신성을 향한 문이 되고 새로운 세계와의 만남이 될 것입니다.

구도의 삶에서는 자유를 발견하는 것이 목표입니다. 이는 자신의 주인, 의식의 주인이 되는 것에서 출발해야 합니다. 그것이 첫 단계이지요. 그러나 우리는 칠십에 이르러서도 아직 우리 의식의 주인이 아닙니다. 우리는 수많은 욕망과 생각, 상상의 노예입니다.

우리는 이리저리 끌려 다닙니다. 내가 누구인지, 어디로 가고 있는지 알지 못합니다. 왜 사는지 알지 못합니다. 삶의 목적이 무엇인지 여전히 알지 못하며 방향 감각이 없으니 어떻게 주인이 될 수 있겠습니까?

우리가 자신의 주인이 되기 위해 첫 번째로 해야 할 일은 우리 행동과 생각에 더 의식적이 되는 것입니다. 무의식은 노예이며, 의식이 주인입니다. 구도자는 자신의 존재 안에 중심을 두려고 애쓰는 사람, 의식 안에 뿌리를 내리려고 노력하는 사람, 욕망에 끌려 다니지 않으려고 노력하는 사람입니다.

욕망은 매우 교활합니다. 에고의 게임은 어찌나 교활한지 끊임없이 경계하지 않는 한, 우리는 노예 신분에서 벗어나지 못할 것입니다.

보통 사람들이 한 평생을 살아가는 모습은 이와는 사뭇 다를 것입니다. 평범한 사람들의 생애의 단계별 변화 과정은 어떻습니까?

의식적인 측면에서는 많은 사람들이 평생 발전하지 못하고 다만 답보 상태에 있거나 퇴보하는 것이 보통입니다. 대부분의 사람들은 나이를 먹을 뿐 성장하지는 않습니다. 그들은 다만 늙어갈 뿐 아무 꽃도 피우지 못하며 아무 열매도 맺지 않습니다. 그들은 한 인간을 개인으로, 참된 존재로 만드는 모든 가능성을 파괴해 버립니다.

단지 나이를 먹는 것은 삶이 아닙니다. 삶은 성장하는 것이어야 합니다. 인간은 삶을 성취하기 위해 태어났습니다. 그러나 그것을 성취하고 안 하고는 우리 인간 자신에게 달렸습니다. 인간은 끊임없이 숨쉬고, 먹고, 늙고, 무덤을 향해 나아갈 수 있습니다. 그러나 이것은 삶이 아닙니다. 이것은 요람에서 무덤에 이르는 70년 혹은 80년에 걸친 점진적인 죽음일 뿐입니다.

성장하는 삶 나이를 먹는다는 것은 수평적인 과정입니다. 그저 선 線 위에서 전후좌우로 움직입니다. 요람에서 무덤까지, 대부분의 사람들이 수평적으로 움직여 갑니다. 우리는 나이를 먹고 늙지만, 우리의 내면 존재는 항상 그랬던 것처럼 깊은 어둠 속에 있습니다.

의식의 정상을 향해 수직으로 상승하지 않는 한 우리는 성장하고 있는 것이 아닙니다. 바보들조차도 늙습니다. 오직 깨어있는 사람만이 성장합니다.

성장하는 것이 무엇인지는 나무를 지켜봄으로써 좀 더 구체적으로 알 수 있을 것입니다. 나무는 성장함에 따라 그 뿌리가 더 깊이 내려갑니다. 거기에는 균형이 있어요. 나무가 더 높이 자랄수록 뿌리는 더 깊이 내려가는 것이지요.

삶에서 성장은 나이를 먹을수록 자신의 내면으로 깊이 들어가는 것을 의미합니다. 공자의 지우학志于學 입立 불혹不惑 지천명知天命 이순耳順 종심소욕불유구從心所欲不踰矩 등은 자신의 내면세계로 점진적으로 깊이 들어간 과정을 나타냅니다.

나이를 먹는 것은 어느 동물이라도 할 수 있습니다. 성장하는 것은 인간의 특권입니다. 그러나 인간 가운데 오직 극소수만이 그 권리를 행사합니다. 대부분의 사람들은 삶을 사는 게 아니라 그저 동물처럼 혹은 초목처럼 지내고 있을 뿐입니다.

인생의 보편적 성장 주기 보통 인생에는 7년 주기가 있습니다. 7년마다 한 주기가 완결되면서 사람은 바뀝니다. 큰 변화는 모두 한 주기가 끝나는 지점과 다음 주기가 시작되는 지점 사이에서 일어납니다.

먼저 일곱 살이 되면 아이는 더 이상 아이가 아닙니다. 완전히 다른 세계가 시작됩니다. 그때까지는 그는 순수합니다. 이제 아이는 세상의 교활함과 영악함, 속임수, 게임 등을 배우기 시작합니다. 꾸

미는 걸 배우기 시작하고 가면을 쓰기 시작합니다. 허위의 껍질이 그를 에워싸기 시작합니다.

열네 살이 되면 그때까지 문제가 되지 않았던 성이 불현듯 그의 존재 안으로 들어옵니다. 그리고 그의 세계는 바뀝니다. 처음으로 이성에 관심을 갖습니다. 완전히 새로운 인생관이 열리면서 꿈꾸고 공상하기 시작합니다.

스물한 살이 되면 이제 권력과 에고, 야망을 좇는 여행이 시작됩니다. 이제 그는 권력과 돈, 명예를 추구할 준비가 되어 있습니다. 스물여덟 살이 되면 자리를 잡게 되고 안정과 안락과 은행 잔고를 생각하기 시작합니다.

서른다섯 살이 되면 다시 변화가 일어납니다. 서른다섯은 한 인간의 삶의 절정이 아닙니까. 지난 날 인간이 일흔 살을 살았다고 보면 서른다섯은 그 분기점이 됩니다. 큰 주기의 반이 지나가면서 인간은 죽음을 생각하고 두려워하기 시작하는 것이 바로 이 시기입니다. 이제 죽음이 가까워진 듯이 보이게 됩니다. 서른다섯을 지나는 날, 죽음을 향한 발걸음을 뗀 것이지요.

마흔두 살이 되면 인간은 종교적이 되기 시작합니다. 이제 죽음은 논리상의 일이 아닙니다. 죽음에 더 민감하게 되면서 무언가를, 정말 어떤 일을 하고 싶어 합니다. 더 이상 기다리면 너무 늦을 것이기 때문입니다. 마흔둘에 인간은 종교를 필요로 합니다.

열네 살에 여자가 필요했고 남자하고 관계를 맺고 싶어 했던 것처럼 말입니다. 그때는 성적인 관계가 필요했던 것처럼, 이제 종교적인 관계가 필요합니다. 그는 자신을 헌신하고, 가서 자신을 내려놓을 신이, 스승이 필요합니다.

마흔아홉 살에 인간은 종교 안에 자리를 잡게 됩니다. 탐구는 끝나고 그는 자리를 잡습니다. 쉰여섯 살에는 만사가 자연스럽게 진행되고 자신의 리듬을 따르기만 한다면 인간은 신성을 일별하기 시작합니다.

예순세 살에는 모든 일이 순조롭다면 첫 깨달음의 일별을 체험할 것입니다. 만약 진리를 처음으로 체험하는 일이 이 예순셋에 일어난다면 일흔 살에는 아름다운 죽음을 맞이할 것입니다. 그땐 죽음이, 그냥 죽음이 아닐 것입니다. 그것은 신성을 향한 문이 되고 사랑하는 자와의 만남이 될 것입니다.

현대 문명 속에서의 왜곡된 삶 인생칠십고래희人生七十古來稀 시대, 문명에 때 묻지 않은 순진한 사람들은 만년에 첫 깨달음을 일별하고 죽음이 신성을 향한 문이 되는 경지에 이르렀다니! 그러나 여기에는 전제조건이 있습니다. 모든 일이 자연스럽고 순조롭게 진행되는 것이 그것입니다. 그러나 오늘날 백세를 바라보는 장수 시대를 사는 우리에게 꿈만 같이 느껴지는 것은 어쩌면 당연한 일인지도 모르겠습니다.

과학과 기술이 고도로 발달하고 인간의 물질적 정신적 삶이 자연과 자연의 섭리에서 멀어지면서 극도로 인위적으로 왜곡된 상황에서, 만사가 자연스럽게 진행되고 자신의 리듬을 따르며 모든 일이 순조롭게 진행되어야 한다는 조건이 충족되기란 여간 어려운 일이 아니기 때문이지요.

현대인이 경험하고 누리고 있는 고도의 문명의 혜택이란 주로 비본질적인 삶에 한하고, 본질적인 측면에서는 오히려 그만큼 퇴보한 것이 아닌지 모릅니다. 지성적인 이들이 오늘의 문명생활이 진정으로 축복받을 만한 것인지 돌아보게 되는 이유입니다.

3

신은 항상 신선하다

子曰 溫故而知新 可以爲師矣
자 왈 온 고 이 지 신 가 이 위 사 의

공자가 말하였다. "옛것을 버리고 새것을 알면 스승이 될 만
하다."

이 해석은 매우 혁신적입니다. '옛것을 익히고 새것을 알면 스승이
될 만하다'는 식의 전통적 해석과 비교해보면 그 차이를 명확하게 알
수 있을 것입니다.

주해

溫 자전에서 첫번째로 '따스하다'란 새김이 나오고, 한참 뒤에서 '능히 자신
을 이기다'克自勝란 새김이 나온다. 자신이라고 생각한 과거의 가짜 자기를
벗어버리다 | **故** 과거에 일어난 일 | **知新** 새것을 알다 | **可** 할 수 있다, 할 만
하다 | **以爲** 되다 | **師** 스승 | **矣** 아무 의미 없이 문장이 끝남을 나타내는 형식
적인 말

오래 된 것은 던져버리기 어렵습니다. 그러나 버려야 합니다. 버릴 때만 새로운 것이 가능하기 때문입니다. 새로운 것을 받아들이기는 어렵습니다. 낯설고 생소하기 때문이지요. 그러나 우리는 새로운 것을 사랑하는 법을 배워야 합니다. 그렇지 않고서는 어떠한 성장도 있을 수 없습니다.

성장이란 옛것을 던져버릴 수 있는 용기, 새로운 것을 사랑할 수 있는 용기를 뜻합니다. 그리고 이것이 한 번으로 그쳐서는 안 됩니다. 매 순간 그렇게 해야 합니다. 매 순간 모든 것이 낡은 것이 되고, 매 순간 새로운 것이 문을 두드리기 때문입니다.

옛것은 속박을 주고, 새로운 것은 자유를 가져다줍니다. 진리는 항상 새롭습니다. 신은 항상 신선합니다. 이른 아침 햇살에 반짝이는 이슬방울처럼 신선합니다. 그러나 많은 사람들은 옛것에 매달린 채 다람쥐 쳇바퀴 돌듯 지루한 삶을 살고 있습니다. 극소수 지혜로운 사람만이 용기를 가지고 새로운 세계를 향하여 나아갑니다. 이런 이들만이 인류의 스승이 될 만합니다.

우리는 옛 사람인 나, 익숙한 나, 편안한 나로 그냥 살자고 생각합니다. 우리는 이미 옛 정체성에 많은 투자를 했습니다. 그래서 내가 누구라는 하나의 관념을 만들어냈습니다. 하지만 그 관념을 버려야 합니다. 나는 그런 사람이 아닙니다. 나 자신을 아는 데는 어떤 관념도 필요하지 않습니다. 오히려 모든 관념을 내던져 버려야만 나의 진정한 실체를 알 수 있습니다.

우리의 옛 정체성이 없어지면, 새로운 시각을 얻을 것입니다. 정체성이 아니라 새로운 비전, 새로운 시야, 새로운 통찰력을 얻을 것입니다. 거짓을 버리면 진리가 우리 것이 됩니다. 케케묵은 거짓 자아가 사라지면 그 자리에 새롭고 순수하고 오염되지 않은 진짜가 모습을 드러냅니다.

진짜는 누가 주는 것이 아닙니다. 누구에게서 받을 수 있는 것은 진짜가 아닙니다. 그 진짜는 이미 우리 안에 있습니다. 진짜를 가리고 있는 가짜를 벗겨내기만 하면 됩니다. 그러면 서서히 새 활력, 새 아름다움, 새 지성 등 자신의 새로운 면모를 감지할 것입니다. 스승은 우리가 갖지 않은 것을 없애버리고 우리가 이미 갖고 있는 것을 깨닫도록 해주는 자입니다.

> 직역과 의역을 보면, 전통적인 해석과는 판이한 새로운 관점을 느낄 수 있습니다. 일반적으로 온고溫故는 '옛것을 익히는 것'으로 풀이하는데, 여기서는 오히려 이를 버리는 것으로 이해했습니다. 그 근거와 본의는 무엇인지요?

어떤 글의 풀이와 관련해서는 세 가지 측면이 있을 수 있습니다. 필자와 해설자, 그리고 진리가 그것입니다. 보통은 해설자가 필자의 본래 의도를 간파하여 그것을 이해하기 쉽게 풀어주는 것이 온당한 것으로 생각되나, 그것이 보편적 진리와 관련된 언급일 때는 굳이 필자의 의도에 구애될 필요 없이 가급적 진리에 가깝게 해설하는 것이 최선일 것이라고 생각합니다.

그럼으로써 때로는 필자의 의도보다도 더 깊은 의미를 읽어낼 가능성도 배제할 수 없습니다. 어쨌든 하나의 글을 창의적으로 여러 측면에서 접근하는 것은 긍정적인 현상일지언정 결코 부정적인 것은 아니며, 해설할 만한 가치가 있는 모든 글은 여러 측면에서 접근할 수 있도록 열려 있다고 할 수 있습니다.

그래서 이를 전통적 해석으로 이해하는 것도 그 한 가지 방법이 될 수 있습니다. 문제는 그것에 해당하는 상황의 차원이 어느 수준에 놓이는가 하는 것입니다. 학생들이 지식을 습득하는 경우에 전에 배운 것을 복습하고 새로 배울 것을 예습하는 일은 매우 이상적인 것으로 소위 모범생들의 자세에 해당합니다.

보통 사람들이 역사에 관한 서적을 읽는 한편 매일 신문을 비롯한 신간 서적들을 읽는 데도 게을리 하지 않는 것은 소위 문화인이 사는 방식이 될 법합니다. 그러나 이들은 모두 지식이나 정보를 습득하는 수준에 지나지 않습니다.

과학 또한 전통에 의존합니다. 뉴턴이나 에디슨이 존재하지 않았다면, 아인슈타인의 존재는 불가능했을지도 모릅니다. 과학자는 특정한 전통을 필요로 합니다. 과학 세계의 거장들이 이루어놓은 전통에 의지하여 그는 일어설 수 있었습니다.

그는 다른 사람의 업적에 의지하여 좀 더 멀리 볼 수 있었습니다. 과학 세계에서는 그런 사람이 꼭 필요합니다. 과학에 관한 한 전통의 이해는 반드시 필요합니다. 그러나 이 또한 지식의 영역에 속합니다.

지식은 무력하다. 지금 우리 사회는 지식 추구에 온통 혈안이 되어 있습니다. 그러나 진실한 삶에서 지식은 그렇게 가치 있는 것이 못되며, 차원이 높은 것도 아닙니다. 실상 지식은 무력합니다. 지식은 거짓 지혜를 줍니다. 그것은 결코 우리를 변형시키지 못합니다. 무엇이 좋은 것인지 알고 있으면서도 우리는 좋지 않은 일을 합니다. 노여움이 나쁘다는 것을 알지만 걸핏하면 화를 내곤 합니다.

지식은 존재의 부분이 될 수 없습니다. 지식은 우리를 돕기는커녕 자신감을 파괴합니다. 그것이 나쁘다는 것을 알면서도 화를 내는 것보다는 화가 나쁘다는 것을 모르는 것이 더 낫습니다. 화가 나쁘다는 것을 알면서도 화를 내는 것은 매우 위험합니다.

우리는 분열되고 있습니다. 우리 마음 한쪽에서는 말하고 있습니다. '그것은 잘못이다.' 그러면서도 우리는 그 일을 계속하고 있습니다. 지식은 우리를 자칫 정신분열증 환자로 만들기 쉽습니다.

만일 화가 나쁘다는 것을 경험을 통해서 진실로 안다면 그 참된 앎이 우리를 변화시킵니다. 그때 우리는 다시는 화를 내지 않을 것입니다. 그것이 불덩어리라는 것을 알고 있는데 어떻게 그 속에 손을 집어넣을 수 있겠습니까. 불가능합니다. 앎은 언제나 우리 존재와 더불어 합일됩니다. 지식은 언제나 그 합일에서 이탈합니다.

지식은 결코 통찰력을 주지 못합니다. 오히려 장님으로 만들지요. 앎은 통찰이며 투명하고 순수하며, 지식은 낡은 것입니다. 앎은 언제나 새롭고 젊습니다. 앎은 현재에서 일어납니다. 지식은 오래된 것입니다. 지식은 포도주와 같습니다. 포도주는 오래된 것일수록 가치가 있다고 하지요. 지식은 취하게 합니다. 그래서 우리를 무디게 합니다. 지식은 우리를 무의식 상태로 만듭니다.

아인슈타인이 통찰력이 있는 사람이었다면 원자 에너지는 있어도 원자폭탄은 없었을 것이며, 원자 에너지는 축복이 되었을 것입니다. 후에 원자폭탄의 비극을 괴로워한 그는 다시 태어난다면 과학자보다는 배관공이 되기를 원했습니다.

앎은 신선합니다. 아는 자는 매 순간마다 앎에 도달합니다. 아는 자는 결코 옛것을 지니지 않습니다. 그는 순간에 살며, 예민하고 민감하며 빈틈없이 알아챕니다.

지식을 추구하지 않고 앎의 과정을 즐기다. 위대한 스승이란 지식을 추구하는 사람이 아니라 끊임없이 앎의 과정에 서 있는 사람입니다. 진정한 구도자는 지식을 추구하지 않고 앎을 추구합니다. 그는 하나하나 깨우쳐 가는 바로 그 과정을 즐기며, 결론에 도달하는 것에 흥미를 느끼지 않습니다. 여행 그 자체에 더 흥미를 갖습니다. 그 여행은 아름답고, 그 모든 순간은 즐겁기 그지없습니다.

목표라는 바로 그 생각은 게으른 마음이 만들어 낸 것입니다. 그래서 사람들은 지름길을 찾으려고 합니다. 게으른 삶은 진정한 구도가 될 수 없습니다. 진정한 구도자는 목적을 움켜잡으려는 아무런 야망도 가지고 있지 않습니다. 그는 바로 이 순간에, 지금 여기에 흥미를 느끼며 존재 전체로 삶에 몰두합니다.

구도 혹은 종교에서는 전통이 그렇게 절대적 가치를 지니지 않습니다. 이는 어디까지나 개인적인 체험이기 때문에 그렇습니다. 과학의 세계에서는 일단 무언가가 알려지면 그것을 다시 발견할 필요가 없을 뿐만 아니라 다시 발견하는 것 자체가 어리석은 행위로 여겨집니다. 우리는 중력의 법칙을 발견할 필요가 없습니다. 뉴턴이 이미 그것을 발견했으니까요.

하지만 구도에서는 되풀이하여 발견하지 않으면 안 됩니다. 여기서는 어떠한 발견도 유산이 될 수 없습니다. 붓다가 발견했다고 해서, 그것이 곧 우리가 단순히 붓다를 따를 수 있다는 것을 의미하지는 않습니다.

붓다는 유일하고 독특한 인물이었고, 우리들 또한 각자 나름대로 유일하고 독특합니다. 따라서 붓다가 진리로 들어간 방법이 우리를 돕지는 못할 것입니다. 우리는 모두 다른 종류의 집입니다. 문이 다른 방향으로 열려 있을지도 모릅니다. 우리가 만약 붓다를 맹목적으로 따른다면, 그것이 우리를 잘못 이끌 수도 있습니다.

전통은 무조건 따를 수 있는 것이 아닙니다. 우리는 전통을 이해할 수 있고, 그 이해가 큰 도움을 줄 수는 있습니다. 그러나 전통을 따르는 것과 진리를 이해하는 것은 전혀 다릅니다. 진리는 전통이 아닙니다. 진리는 절대 나이를 먹지 않기 때문에 전통이 되기란 아예 불가능합니다.

진리는 영원히 새롭습니다. 마치 아침 이슬이나 밤하늘의 별처럼 항상 신선합니다. 전통에 집착하는 것은 근본적으로 진리를 반대하는 것입니다. 진리는 한 사람으로부터 다른 사람으로 옮겨질 수 없습니다. 진리는 사물이 아니기 때문에 이동시키는 일은 불가능합니다. 진리는 각 개인의 고유한 존재 속에서 솟아나는 향기이자 우리들 각자의 가슴에서 피어나는 꽃입니다.

그러므로 깨달음에 관한 한 전통을 따름으로써 이룰 수 있는 것은 기껏해야 모방자가 되는 것일 뿐입니다. 전통은 과거에 존재했던 것을 의미하지만, 깨달음은 지금 당장 일어나야 합니다. 전통은 아주 오랜 옛날로 거슬러 올라가야 할지도 모릅니다. 하지만 오래 되면 오래 될수록 그것은 더욱 더 죽음에 가깝습니다. 전통은 시간의 모래 위에 깨달은 사람들이 남긴 발자국에 불과합니다. 하지만 그 발자국이 곧 깨달음은 아닙니다.

우리는 지극히 경건한 마음가짐으로 그 발자국을 따를 수 있습니다. 그러나 그 발자국은 우리를 그 어느 곳으로도 이끌지 못할 것입니다. 우리 각각의 개인은 모두 독특한 존재이기 때문이지요. 만약 개인의 독특함을 명심한다면, 어느 누구를 뒤따른다 해도 자기 자신에게 도움이 되지 못한다는 사실을 알게 될 것입니다. 구도에서는 정해진 길이란 존재할 수 없기 때문입니다. 이것이 바로 과학과 종교의 차이입니다.

공자의 이 말씀은 지식의 차원에서 풀이할 수도 있고, 구도의 차원에서 풀이할 수도 있습니다. 그러나 깨달은이들의 관심사가 어느 쪽인가 생각하고, 이를 어느 쪽으로 풀이하는 것이 높은 차원에서 이루어지는 것인가를 이해한다면, 모든 것은 자명해질 것입니다.

이 글의 새로운 해석은 구도적 차원에서 자연스럽게 받아들여질 수 있습니다. 이런 관점의 차이에 대해서 실제로 우리 주변에서 경험할 수 있는 것으로 생각해 보는 것이 좋을 것 같습니다.

모두 자신만의 방법으로 해석하기 때문에 얼마든지 오해할 수 있습니다. 화성인이 서울에 비행접시를 착륙시키고 거리로 나왔습니다. 이때 거지 하나가 달려와 말했습니다. "선생님, 100원만 적선합쇼." 화성인이 물었습니다. "100원이 뭔가?" 거지는 잠시 생각하더니 다시 말했습니다. "선생님이 옳습니다. 500원만 줍쇼."

깨달은 사람들은 항상 오해를 받아 왔습니다. 예수가 내면의 왕국에 대해서 이야기했을 때 그는 오해 받았습니다. 이는 이 세계의 왕국, 혹은 이 세상의 권력과는 아무 상관도 없습니다. 그는 저 너머의 세계에 대해 이야기했습니다. 그는 세속의 말들을 비유적으로 이용했을 뿐입니다.

우리는 과거를 짊어지고 산다. 우리는 모두 자신의 과거를 짊어지고 삽니다. 예를 들어 누군가 우리에게 욕을 했다고 합시다. 우리는 살아오면서 많은 사람들로부터 언짢은 소리를 들어 왔습니다. 이런 것들이 모여 가슴속에 숱한 상처를 만들어 놓았습니다. 누군가 모욕적인 언사로 상처를 건드렸을 때 우리는 상처에서 비롯된 반작용을 보일 것입니다.

그러나 이 같은 반작용은 옳은 것이 아닙니다. 상처를 만든 것은 욕을 한 사람이 아니기 때문입니다. 누군가 우리 상처를 건드렸을 때 따라오는 아픔은 내가 만든 것이지 상처를 건드린 사람이 만든 것은 아닙니다. 우리는 지금까지 살아오면서 외부의 자극으로부터 스스로 상처를 만들어 왔기 때문에 나에게 욕을 한 사람을 미워하거나 대드는 것과 같은 반작용은 사실 옳은 것이 아닙니다.

그러면 즉각적인 반응이란 무엇입니까? 첫째로 거기에는 과거가 없습니다. 깨어 있는 사람은 다른 사람에 대해서 어떤 과거의 그림자도 갖고 있지 않습니다. 그래서 누가 무슨 말을 하든지 지금 이 순간의 눈으로 들여다봅니다.

우리도 다른 사람들과의 관계에서 순간순간 새롭게 깨어 있어야 합니다. 나와 상대 사이에 과거를 끼우지 말아야 합니다. 과거는 너무도 빨리 현재의 순간으로 끼어들기 때문에, 깨어 있게 되기까지는 많은 노력과 시간이 걸릴 것입니다. 다른 사람과 대화를 나눌 때 순간적으로 과거가 뛰어들고 우리는 자신의 과거로 인해 사실을 보지 못합니다.

누군가 우리에게 화를 냈을 때 우리가 어떤 과거에도 물들지 않고 그 순간 깨어 있다면, 우리는 화를 낸 사람에게 연민을 느낄 것입니다. 반작용은 분노로 나타나지만 순수한 반응은 항상 연민으로 나타나지요. 화를 낸 사람은 자신의 화로 고통을 받고 있으며 그 사람은 아픈 상태이기 때문에 그 화는 그 사람의 신음 소리였다는 것을 알게 될 것입니다.

우리는 열병에 걸린 사람보고 같이 열을 내면서 왜 그렇게 몸이 뜨겁냐고 묻지 않습니다. 오히려 열병에서 빠져 나오도록 간호를 할 것입니다. 마찬가지로 화를 내는 사람은 이미 자신 속에 화를 낼만한 요소가 있었던 것입니다. 그는 육체적인 열병보다 더 위험한 정신적인 열병을 앓고 있을 터입니다.

지혜로운 남편이라면 아내가 화를 낸다 할지라도 결코 같이 화를 내지 않습니다. 오히려 깊은 연민을 느끼면서 그 상태에서 아내를 구하려고 노력할 것입니다. 사람들을 가만히 들여다보십시오. 사람은 저마다 짊어지고 다니는 어떤 슬픔이 있음을 볼 것입니다. 우리는 모두들 누군가의 도움을 필요로 합니다.

자신이 보다 투명해지고 순수해질수록 우리는 거울과 같은 존재가 될 것입니다. 그래서 나에게 어떤 상처도 남아 있지 않을 때 어느 누구도 나를 괴롭힐 수 없습니다. 그때 나는 거울처럼 자신을 비추면서 순수하게 반응할 것입니다. 순수한 반응은 좋은 것이지만 과거로부터의 반작용은 나쁜 것입니다. 순간의 반응은 아름답지만 과거의 반작용은 추하지요. 순수한 반응은 지금 여기 완전히 깨어 있을 때 일어나는 것입니다.

과거의 짐 아이는 자유롭습니다. 아이는 과거를 짐 지고 있지 않습니다. 나이 든 사람들은 자유롭지 않습니다. 그들에게는 모두 긴 과거가 있지 않습니까? 아이는 뒤돌아볼 아무것도 없고 매사에 앞을 바라봅니다. 아이는 그를 향하여 열린 미래를 가졌습니다. 멋진 모험이 열려 있습니다. 나이 든 사람은 미래가 없습니다. 만사가 이미 일어나버린 것, 지나가버린 것들뿐이니까요.

이미 일어난 모든 것은 계속 우리의 마음을 혼란스럽게 합니다. 그것은 우리를 뒤로 끌어내리고 압박합니다. 결코 우리를 지금에 있도록 내버려 두지 않습니다. 기억은 과거를 향해 내린 우리의 뿌리입니다. 우리는 현재에 있으면서 현재에 살고 있지 않습니다. 지금 우리가 현재에 살고 있지 않다면 미래도 우리 것이 아닙니다. 현재는 미래로 들어가는 문이며 동시에 과거에서 나가는 문입니다.

우리가 과거를 보고 있다면 미래를 잃을 것입니다. 양쪽을 동시에 볼 수 없기 때문입니다. 우리는 앞을 보는 눈을 가졌지 뒤쪽을 볼 수 있는 눈은 없지 않습니까. 자연은 사람이 뒤를 볼 어떤 수단도 주지 않았습니다. 우리가 뒤를 보려 한다면 뒤로 돌아야 합니다.

그러면 무슨 일이 일어나겠습니까? 만일 우리가 지나치게 과거에 집착하게 된다면, 그 지난 기억들에 마냥 구속된다면, 우리는 역시 상상력으로 비현실적인 미래를 만들기 시작합니다. 우리는 상상 속의 미래를 만듭니다. 양쪽이 다 비현실적입니다.

우리는 어떤 사람을 사랑했었습니다. 몇 가지를 제외한 거의 모든 것이 마음에 들었습니다. 이제 우리는 그런 사람을 찾을 것입니다. 과거의 사람처럼 좋은, 그러나 약간의 그 단점들이 없는 그런 사람을. 우리의 상상력은 과거를 변형시키는 것 이외에 아무것도 아닙니다.

이것이 바로 우리가 살아가는 방식입니다. 미래는 과거를 반복하는 욕망 이외에 아무것도 아닙니다. 물론 그것이 좀 더 나은 반복이긴 할 것입니다. 마음은 반복하는 기계입니다. 마음은 끊임없이 똑같은 것을 갈망합니다. 그러나 똑같은 강에 두 번 들어갈 수 없습니다. 그것은 전혀 똑같지 않습니다. 삶은 끊임없이 움직이며 변합니다.

진실하기 위해서는 자신의 마음으로부터 벗어나야 합니다. 무심이 되어야지요. 과거로부터 자기 자신을 근절해야 하며 그럼으로써 모든 과거를 잊어버리는 것, 이것이 바로 있는 것입니다. 과거로부터 눈을 완전히 거두어야 합니다. 그럴 때에만 우리는 진실을 볼 수 있습니다. 과거로 흐려진 눈은 장님입니다. 사실 우리는 장님이 아니지만 과거에 의해 눈이 흐려져 있습니다.

기억 없이 사는 삶 어떤 사람이 나를 모욕했었습니다. 그리고 오늘 길에서 나는 그와 마주쳤습니다. 과거가 고개를 쳐듭니다. 나는 보복을 해야 합니다. 격분하기 시작합니다. 이제 그 사람이 보이지 않습니다. 그러나 그 사람은 이미 어제의 그가 아닐 수도 있습니다. 실제로 그 사람은 어제의 그일 수가 없습니다.

그는 후회하고 밤새도록 괴로워했을지도 모르며, 내게 와서 사과하려고 결심했을지도 모르는데, 나는 그것을 볼 수 없습니다. 내 눈은 감정으로 흐려졌습니다. 그가 사과하려 할 때조차 내 복수를 두려워한 나머지 교활하게 군다고 생각합니다. 이제 그는 나와 친구가 되려 합니다. 그러나 사념이 끊임없이 일어, 나는 지금 그의 참 모습을 볼 수 없습니다. 나는 실체를 놓칠 것입니다.

깨달은 사람은 결코 과거를 간직하지 않습니다. 그는 과거의 간섭 없이 진실을 들여다봅니다. 추억에 머무는 것은 마음에 머무는 것을 의미합니다. 마음에 머무는 것은 세속에 머문다는 의미이기도 합니다.

그가 어떤 마음도 가지고 있지 않을 때, 그때 그는 마음 없음의 삶을 삽니다. 이것이 바로 도가 의미하는 것이지요. 도가에서 누가 그의 기억을 잃어버렸다고 말하는 것은 그를 찬양하는 말입니다. 이는 마치 거울에서 먼지를 말끔히 털어버린 것과 같습니다.

만일 그가 시장기를 느낀다면 음식을 찾습니다. 그러나 그는 전에 먹었던 그 어떤 음식에 대한 기억도 없습니다. 그는 음식에 대한 환상을 갖지 않습니다. 지금 그리고 여기가 전부입니다.

과거에 사로잡힘으로부터 풀리게 될 때, 마치 한 마리의 뱀이 낡은 허물로부터 살살 빠져나오는 것처럼 절대적으로 새롭게 되는 것입니다. 하나의 나무에서 그 낡은 잎들이 모두 떨어지고 새 잎들이 돌아나듯이. 도의 길, 선의 길은 전체적으로 새로운 삶의 길입니다.

그러나 우리는 한 평생 과거를 짐 지고 살아가고 있습니다. 언제나 과거를 통해서 살고 있습니다. 그래서 지극히 세속적인 삶을 살 수밖에 없습니다. 기억 없이 사는 것이 신에 사는 것이고 열반에 살고 깨달음에 사는 것임을 우리는 뜨거운 가슴으로 받아들일 수 없는 것이 문제입니다.

> 온고지신에서 온고가 소극적 입장이라면 지신이야말로 적극적인 입장이라 할 수 있습니다. 우리가 처한 변화의 소용돌이 속에서 새로운 것을 배우는 문제에 대해서 생각해 보아야 할 것 같습니다.

지금 세상은 엄청나게 변하고 있습니다. 현대인들은 예전 사람들보다 훨씬 더 많은 것을 배워야 합니다. 하루가 다르게 빨리 돌아가는 새로운 상황에 적응할 수 있어야 합니다. 참으로 크나큰 도전입니다.

이 도전 앞에서 우리는 신경증의 노예가 될 수도 있고, 이를 발전의 기회로 만들 수도 있습니다. 이는 이 도전을 우리가 어떻게 받아들이느냐에 달려 있습니다. 여기서 무엇보다 중요한 것은 새로운 것을 배우고 소화할 수 있는 적극적인 자세 혹은 능력을 기르는 것입니다.

변화에 대한 적응 압력에서 벗어나는 길 옛 사람들은 주로 정적인 세계에서 살았습니다. 세월이 흘러도 변화는 거의 일어나지 않았습니다. 그래서 사람들의 마음속에는 어느 정도의 빈 공간이 있었습니다. 하지만 이제는 사람들의 마음에 빈 공간이 없습니다.

그래서 명상이 과거보다 더 많이 필요해졌습니다. 생사의 문제만큼이나 필요합니다. 과거에 명상은 하나의 사치였습니다. 붓다나 마하비라, 크리슈나 등 명상에 관심을 갖는 사람은 극소수였습니다.

보통 사람들은 일상 평온하고 행복하고 건강하고 자연스럽게 살았습니다. 굳이 명상을 생각할 필요가 없었지요. 무의식의 저류에서 그들은 일상 명상을 하고 있었으니까요. 삶은 너무나 고요하고 천천히 흐르고 있었기 때문에 멍청한 사람도 그 흐름에 적응할 수 있었습니다. 하지만 이제는 변화가 엄청나게 빠르기 때문에 지성적인 사람도 적응이 힘들게 되었습니다. 현대의 삶은 매일 매일 바뀌며 우리는 계속 새로운 것을 배워야 합니다.

우리는 배움을 멈출 수 없습니다. 이제 배움은 평생의 문제가 되었습니다. 죽을 때까지 배워야 합니다. 그래야 정신 건강을 지킬 수 있습니다. 배움의 압력은 굉장합니다. 압력을 해소하려면 명상의 시간을 가져야 합니다. 매일 조금씩 명상을 하지 않는 사람은 알지 못하는 사이 어느새 신경증으로 고생합니다.

적어도 하루 20~30분은 이 세계를 떠나 자신의 존재 속으로 사라져야 합니다. 아무런 생각이나 기억, 공상도 침범할 수 없는 자신만의 중심 속에서 홀로 있어보아야 합니다. 이때 의식 속에 아무런 것도 떠오르지 않아야 합니다. 그렇게 할 때 생기와 활력을 되찾을 수 있고, 그 힘을 가지고 세상으로 돌아와 어린아이같이 경이의 눈으로 더 많은 것을 배울 수 있습니다.

이 시대는 날마다 새롭게 배워야 할 것들이 너무 많아서 사람들은 시달리고 있습니다. 현대인의 마음에는 지나치게 많은 것들이 들어와 있고, 마음에 들어온 것들을 소화하여 자신의 것으로 만들 수 있는 시간은 없고, 그래서 현대인에게는 명상이 더욱 필요합니다.

명상으로써 마음에 휴식을 주지 않으면 우리에게 끊임없이 쏟아져 들어오는 수많은 메시지들을 억압해야 합니다. 이것들이 쌓여 마침내 우리는 배우기를 거부하게 됩니다. 그러나 계속 외부로부터 오는 메시지들은 '나를 받아주세요'라고 독촉하면서 끊임없이 우리를 괴롭힐 것입니다.

지금 우리에게는 휴식이 필요합니다. 변화에 대한 적응 압력은 무섭습니다. 이로부터 벗어날 수 있는 시간이 필요합니다. 수면은 더 이상 도움이 되지 않습니다. 우리는 수면 중에도 많은 일들을 합니다. 일과 중에 너무 많은 것들을 받아들이기 때문에 잠잘 때도 몸만 쉴 뿐 마음은 계속 일을 합니다. 이 마음의 일을 세상은 꿈이라고 부릅니다. 우리는 명상을 통해 꿈에서도 벗어나 깊은 휴식을 취할 수 있어야 합니다.

단 몇 분간의 깊은 명상으로도 신경증을 예방할 수 있습니다. 명상을 하면 마음은 어지럽게 널려 있는 것들을 정리하고 경험들을 소화하고 과부하를 없앱니다. 명상은 마음을 맑고 깨끗하고 싱싱하게 만듭니다. 우리는 휴식이 절대적으로 부족합니다. 무의식적으로 명상이 일어나는 조금의 시간조차도 사라지고 있습니다. 이 시간이 완전히 사라지면 아마도 인간은 완전히 미칠지도 모릅니다. 이미 그런 일이 현대인의 삶 여기저기서 진행되고 있지 않습니까.

휴식이 되는 일들, 휴식이 되지 못하는 일들 무의식적으로 일어나는 명상이란 무슨 뜻이겠습니까? 뜰에 나가 아이들과 함께 노는 것, 혹은 잔디를 깎거나 새 소리를 듣는 것, 이런 것이 무의식적으로 일어나는 명상입니다. 그런데 지금 우리 생활에서는 이런 시간마저도 사라지고 있습니다.

이 시대 우리는 조금이라도 시간이 나면 텔레비전 앞에 앉습니다. 텔레비전에서 쏟아지는 정보들은 정말로 엄청나게 위험한 것들이지요. 우리는 그 정보를 받아들인 다음 전혀 소화하지 않습니다.

신문에서 읽는 정보들도 마찬가지입니다. 전혀 무용한 것들을 마구 집어삼킵니다. 간혹 기분이 좋으면 휴식을 취하기 위해 영화를 보러 극장에 가기도 합니다. 하지만 대체 이것이 무슨 휴식이란 말인가요. 영화는 관객이 휴식하는 걸 허용하지 않습니다. 무수한 정보가 쏟아져 들어오는데 어떻게 휴식을 취한단 말입니까? 휴식이란 정보가 들어오지 않는 걸 말하거든요.

새 소리를 듣는 것은 휴식이 될 수 있습니다. 새 소리에는 아무런 정보가 없기 때문입니다. 음악을 듣는 것도 휴식이 될 수 있습니다. 음악에는 언어의 소리가 없습니다. 음악은 순수 소리일 뿐입니다. 음악은 어떤 메시지를 전달하는 게 아니라 기쁨을 전달합니다.

춤추는 것도 좋고, 음악을 듣는 것도 좋고, 정원 일을 하는 것도 좋으며, 아이들과 노는 것도 좋습니다. 혹은 아무것도 하지 않고 잠시 그냥 가만히 앉아 있는 것도 좋습니다. 이런 것들이 현대인의 정신을 치료할 수 있는 방법입니다. 이런 방법들을 명상적으로 하면 효과는 더욱 커지겠지요.

균형을 이루어야 합니다. 신경증은 마음의 균형이 무너진 상태입니다. 너무 많은 행위에 터무니없이 부족한 무위無爲, 도의 길은 유위有爲의 길도 아니고 무위의 길도 아닙니다. 완전한 평형의 길이요 균형의 길입니다. 이것이 도가에서 말하는 중도의 길입니다.

옛것을 버리라는 것은 실천하기는 어려워도 그 개념은 이해할 수 있을 것 같은데, 새것은 전연 생소한 것이기 때문에 새것을 아는 일에 대해서는 개념이 잘 안 잡힙니다. 새것이란 무엇이며, 새것을 안다는 것은 또 무엇인지요?

새것은 사람으로부터, 나 자신으로부터 나오는 것이 아닙니다. 저 너머 어느 먼 세계로부터 오는 것일 것입니다. 새것이 문을 두드리면 우리의 모든 과거는 위험을 느낍니다. 새것은 우리에게 익숙한 것이 아니니까요. 너 나 없이 우리는 지금까지 묵은 방식으로 삶을 살아 왔으며, 그런대로 믿음에 근거해 편안한 삶을 구축했습니다.

그런데 새로운 어떤 것이 문을 두드리고 있습니다. 그 순간 지난 삶의 양식은 혼란에 빠지게 됩니다. 문을 열어 새것을 받아들이면, 다시는 과거의 모습으로 돌아갈 수 없습니다. 새것이 우리를 변화시키기 때문이지요. 새것은 위험합니다. 어느 누구도 그 끝에 무엇이 있는지 알지 못하니까요.

반면 옛것은 이미 알고 있는 것이어서 친숙합니다. 오랫동안 살았던 방식이며 낱낱이 알고 있는 것들이니까요. 이와 달리 새것은 생소합니다. 친구가 될지 적이 될지 모릅니다. 알 수 있는 방법은 단 한 가지, 새것을 받아들이는 것입니다. 모험으로 새것을 선택할 때 동시에 두려움이 몰려옵니다.

새것을 계속 거부할 수는 없습니다. 옛것은 우리가 원하는 것을 이제는 주지 않습니다. 옛것은 친숙하기는 하지만 불행의 원천입니다. 새것을 대하면 불편할 수도 있지만 거기에는 가능성이 있습니다. 지복을 가져다줄지도 모릅니다.

그래서 거절할 수도 받아들일 수도 없는 난처한 입장에 빠집니다. 우리는 잠시 동요하고 두려움에 떱니다. 이것은 자연스러운 과정입니다. 이것이 새것의 존재 방식입니다. 새로운 것이 왜 우리 앞에 나타났는지 이해하려고 노력할 필요가 있습니다.

모든 사람들은 새로워지기를 원합니다. 옛것에 만족하는 사람은 아무도 없습니다. 옛것이 무엇이든 옛것에 만족할 수 없습니다. 우리는 옛것에 대해 모든 것을 알고 있습니다. 일단 알고 나면 모든 옛것은 지루한 반복에 불과합니다.

권태롭고 단조로울 뿐입니다. 우리는 이런 권태로움에서 벗어나기를 원합니다. 탐험과 모험을 꿈꿉니다. 새롭게 거듭나길 원합니다. 그러나 막상 새것이 문 앞에 서서 문을 두드리면, 멈칫 뒤로 움츠리고 도망칩니다. 그리고는 이내 딜레마에 빠집니다.

어떻게 새로워질 수 있습니까? 모든 이들은 항상 새롭게 거듭나길 소망합니다. 새로워지기 위해서는 용기가 필요합니다. 보통 용기가 아닌 초특급 용기가 있어야 합니다. 그러나 세상은 겁쟁이들로 가득 차있습니다. 겁에 질린 사람들은 내적 성장을 하지 못합니다. 겁쟁이들은 새로운 기회가 올 때마다 뒤로 숨어 두 눈을 질끈 감는데, 어떻게 새로워지고 어떻게 성장할 수 있겠습니까.

우리는 내적으로 성장하지 못했기에 그것의 대체물을 찾기 시작합니다. 존재는 성장하지 못하면서 그 대신 은행 잔고는 늘어만 갑니다. 이럴 때 은행 잔고가 성장의 대체물이 됩니다. 은행 잔고를 늘리는 데는 용기가 필요 없습니다.

은행 잔고가 많아질수록 우리는 자신이 성장하고 있다고 착각합니다. 존경을 받고 명성이 자자해지면 자신이 성장하고 있다고 생각합니다. 하지만 이것은 자신을 기만하는 것입니다. 이름이 우리가 아니며, 명성이 내가 아닙니다. 은행 잔고가 우리 존재가 될 수 없습니다.

신은 항상 신선하고 새롭다. 그러면 어떻게 새로운 사람이 될 수 있겠습니까? 되고 싶다고 누구나 새로운 사람이 될 수는 없습니다. 새로움은 저 너머 세계의 신으로부터 오는 것입니다. 마음은 항상 낡은 것, 과거의 축적이기에 결코 새로울 수 없습니다. 새로움은 저 너머 세계에서 오는 것, 신이 주는 선물입니다. 그렇기에 초월의 차원에 속합니다.

우리는 곧잘 저 너머 세계를 잊고 살지만, 초월의 세계는 결코 우리를 잊어본 적이 없습니다. 아이는 곧잘 엄마를 잊고 놀이에 몰두하기도 하지만, 엄마는 한 순간도 아이를 절대 잊지 못하는 것과 같지요. 우리는 나는 혼자라고 생각할지 모르지만 존재계라는 전체는 우리가 동떨어진 존재가 아님을 알고 있습니다. 여전히 우리와의 끈을 놓지 않고 있습니다.

이런 이유로 우리가 환영하지 않음에도 불구하고 새것은 계속 우리를 찾아옵니다. 아침저녁으로 새것은 문을 두드립니다. 내면의 눈이 뜨였다면 새로움이 끊임없이 찾아온다는 사실을 우리는 알 것입니다.

신은 계속 문을 두드립니다. 그러나 우리는 과거 안에 숨어 문을 걸어 잠그곤 합니다. 이때 우리는 무덤 속에 있는 것과 같습니다. 아무 감각도 없습니다. 겁에 질려 모든 감각을 잃었습니다. 감각이 예민하게 살아 있다면 새것을 금방 감지할 수 있지요. 새것이 주는 짜릿함을 느끼고, 새것에 대한 열정과 호기심이 솟아올라, 미지의 세계로 출발하려고 할 것입니다. 어디로 가는지도 모르는 채 용기 있게 나설 것입니다.

이것을 마음은 항상 미친 짓이라고 생각합니다. 마음은 옛것을 버리는 것이 이성적인 행동이 아니라고 여기기 때문입니다. 그러나 신은 항상 새롭습니다. 우리는 신을 얘기할 때 과거시제나 미래시제를 쓰지 않습니다. '신이 있었다.'거나 '신이 있을 것이다'라고 말하지 않고 '신은 있다'고 현재시제만 씁니다. 신은 항상 신선하고 새롭습니다. 신은 언제나 우리 안으로 들어올 수 있습니다.

새것을 받아들이면 변화가 일어난다. 명심하십시오. 우리 삶 속으로 들어오는 새로운 모든 것은 신의 메시지입니다. 이것을 받아들이면 종교적인 사람이 되고 거절하면 비종교적인 사람이 됩니다. 새것을 수용하기 위해선 긴장하지 말고 편안한 자세로 있을 필요가 있습니다. 새것이 들어올 수 있도록 조금 더 가슴을 열어야 합니다. 신이 들어올 길을 터야 하니까요. 이것이 기도이고 명상입니다.

기뻐하며 새것을 받아들이십시오. 가끔 새것이 우리를 불편하게 만들기도 할 것이나, 이 또한 가치 있는 일입니다. 때로 우리를 샛길로 잘못 인도할 수도 있을 것이나 이것 또한 의미 있는 일입니다. 사람은 잘못을 통해 배웁니다. 고난을 통해 성장하기 마련입니다. 새것은 어려움을 동반합니다. 그래서 우리는 옛것을 선호합니다. 옛것은 언제나 위안과 안식처를 제공하기 때문입니다.

새것을 깊은 내면으로 완전히 받아들이면 변화가 일어납니다. 우리가 새것을 찾아가는 것이 아니라 새것이 우리를 찾아옵니다. 새것이 문을 두드릴 때, 우리는 받아들일 수도, 거절할 수도 있습니다. 거절하면 돌과 같이 생명 없는 존재가 되고, 받아들이면 우리는 꽃과 같은 존재가 되어 향기롭게 피어납니다. 축복 가득한 개화입니다.

새것을 받아들임으로써 우리는 변화합니다. 이것 외에 다른 변화는 없습니다.

이것은 우리 자신의 노력으로 되는 것이 아닙니다. 그렇다고 아무 것도 하지 말라는 뜻이 아닙니다. 과거에서 비롯된 의지, 방침, 충동에서 벗어나 행동하라는 말입니다. 보통 방법으로는 새것을 찾을 수 없습니다. 그것이 무엇인지도 모르는데, 한 번도 접한 적이 없는데 어떻게 찾을 수 있겠습니까?

새것에 대한 탐구는 마치 미답의 땅으로 향하는 탐험과 같습니다. 철저히 무의 상태에서 새로 시작해야 합니다. 어린아이처럼 순진무구하게 그리고 무한한 가능성이 주는 짜릿함을 맛보면서 미지의 세계로 들어가야 합니다.

매 순간 아이처럼 행동하십시오. 자신을 지금 이 순간 속에 온전히 내맡기십시오. 그러면 매일 새로운 문이 열리고 새 빛이 나타나고 새 통찰이 일어날 것입니다. 그리고 어느 날 갑자기 우리는 자신이 매 순간 새롭게 거듭나고 있음을 알게 될 것입니다. 옛것은 더 이상 남아 있지 않을 것입니다. 자욱하게 둘러싸고 있던 옛것은 모습을 감추고, 어느 새 우리는 이슬방울처럼 새롭고 신선한 존재가 되어 있을 것입니다.

이것이야말로 부활입니다. 이것을 깨달으면 기억의 구속에서 벗어날 수 있습니다. 기억은 죽은 것입니다. 기억은 진리를 담지 못하며 영원히 그릴 수 없습니다. 진리란 항상 생동감 넘치는 것입니다. 그러나 기억은 더 이상 존재하지 않는 것들의 잔재입니다.

사실은 우리 존재 자체가 기억의 복합물에 지나지 않습니다. 기억은 나라고 하는 복합체를 창조합니다. 에고가 그것이지요. 나라고 하는 가짜 존재는 끊임없이 죽음을 두려워합니다. 이것이 사람들이 새것을 두려워하는 바로 그 이유입니다.

두려워하는 것은 나라고 하는 에고이지 '나'라는 존재가 아닙니다. 존재는 두려움을 모릅니다. 에고는 인위적이며 조립된 것입니다. 조립되었기에 언제든지 분해될 수 있습니다. 새것이 들어오면 분열될까봐 에고는 전전긍긍합니다. 우리는 에고와 동일한 존재가 아니라는 사실을 이해하지 못하면, 새것을 받아들일 수 없습니다. 에고는 과거의 기억 이상이 아니며, 우리는 기억의 덩어리와는 구별되는 존재입니다.

기억은 바이오컴퓨터와 같아서 하나의 기계장치, 실용적인 장치에 불과합니다. 그러나 나라는 존재는 에고를 뛰어넘습니다. 우리는 기억이 아닌 순수 의식입니다. 기억은 순수 의식의 한 부분에 불과합니다. 우리는 순수 의식 그 자체입니다. 그러나 에고는 기억에서 에너지를 얻습니다.

기억은 옛것이며 당연히 새것을 두려워합니다. 새것은 기억으로 소화하기 힘든 낯선 것입니다. 이 새것이 문제를 일으킬 수도 있습니다. 새것에 맞추어 다시 나의 자리, 우리 자리를 찾아야 합니다. 자신을 재조정해야 하는 것이지요.

새로운 존재로 태어나기 위해서는 에고와의 동일시에서 벗어나야 합니다. 에고는 이미 죽어있는 것입니다. 한낱 기계 장치에 불과합니다. 에고를 이용은 하되 이용당하지는 말아야 합니다. 에고는 존재에서 비롯되지 않습니다. 존재는 생명입니다. 생명이 죽음을 두려워하는 법은 없습니다.

인간이 진짜 살아 있는 존재가 되기 위해서는 바로 이 에고가 죽어 사라져야 합니다. 에고가 죽으면 존재가 태어납니다. 새것은 신의 메시지입니다. 새것에 귀를 기울이고 새것과 동행할 수 있어야 합니다. 두려움이 생겨도 새것과 동행해야 합니다. 그럼으로써 우리의 인생은 점점 더 부유해질 것입니다.

> 한 사회의 아름다운 전통은 계승되어야 한다는 것이 일반적인 생각인데, 스승님께서는 모든 전통을 부정적으로 보십니다. 이것이 과연 옳은 것인지 판단하기 어렵고, 더구나 우리 자신이 전통을 전적으로 부정할 것은 상상할 수도 없습니다.

보수주의자들은 말합니다. "그대의 전통을 기억하라. 그대의 전통은 수십 년 혹은 수백 년 심지어는 수천 년을 거쳐 이루어진 것이다. 그것은 지혜를 가지고 있다. 그대는 이제 막 새로 들어왔다. 그대는 그것을 믿지 않을 만한 이유가 없다. 비교의 여지가 없다. 그대는 이제 막 입문했다. 그리고 그대의 전통은 거기 그렇게 오랜 동안 존재해 왔으며, 더욱 더 많은 체험을 축적해 왔다. 그것은 히말라야 산맥과 같은 하나의 거대한 현상이다."

그들은 또 말합니다. "그대는 하나의 작은 조약돌이다. 그대는 전통과 싸울 수 없다. 그것은 거대한 산맥에 대항해서 싸우는 것이다. 그것은 자기 파괴적이다. 그대는 오직 전통에 복종할 수 있을 뿐이다. 그것이 현명하고 지성적인 일이다. 많은 사람들이 전통을 존중하고 있으며, 이런 무리들과 함께하면 그대는 인정받고 보호받는다. 그대는 안전하다. 그대는 길을 잃지 않을 것이다."

자신의 뜻을 굽히고 전통을 따르는 사람에게는 보상이 따릅니다. 그러나 용감하게 자신의 뜻대로 살면서 전통을 거스르는 것은 위험합니다. 그것이 우리를 모든 기득권층들과의 갈등 상태로 이끌 것이기 때문입니다. 우리는 한낱 작은 인간일 뿐, 세상 전체와 싸울 수 없습니다. 그래서 많은 사람들이 영혼을 꽃 피우지 못한 채 거의 로봇들처럼 살면서 전통에 무조건 복종할 뿐입니다.

그들은 자유로운 개인들이 아닙니다. 어떠한 사회도 우리가 용감하기를 원하지 않습니다. 모든 사회는 사람들이 모두 겁쟁이이기를 원합니다. 그러나 그들은 솔직하게 겁쟁이가 되라고 말하지는 않을 것입니다. 자칫 그것은 모욕적인 것으로 들리기 때문에 점잖게 아름다운 말로 말합니다. "전통을 따르라. 그것이 사회의 구성원으로서 당연히 지켜야 할 일이고 존경받는 지식인, 교양인이 되는 길이다."

성숙한 사람은 자신의 빛으로 살아간다. 성숙은 다른 사람의 의견에 속지 않고 스스로 결정을 내릴 수 있는 이해력을 의미합니다. 스스로 두 발로 설 수 있는 힘, 그것이 성숙입니다. 하지만 성숙한 사람은 드뭅니다. 부모들이 자녀들을 하나같이 망쳐 놓았기 때문이지요. 유치원, 중등학교, 대학 등이 모두 학생들을 망칠 준비를 하고 있습니다. 그래서 성숙한 사람이 아주 드물게 되었습니다.

사회는 성숙한 사람을 환영하지 않습니다. 성숙한 사람은 위험합니다. 그는 자신의 존재로 당당하게 살려 하기 때문입니다. 그는 자신의 결정에 따라 행동하고 다른 사람의 의견에 흔들리지 않습니다. 다른 사람의 결정을 무조건 따르지도 않습니다.

체면이나 위신을 중시하지도 않습니다. 존경받고 싶어 하지도 않지요. 오직 자신의 삶을 살아갈 뿐, 어떤 값을 치르더라도 자신의 삶을 내놓고 무엇과도 타협하지 않습니다. 성숙한 사람은 모든 것을 희생할 준비가 되어 있지만, 결코 자신의 자유를 희생할 생각은 없는 사람입니다.

붓다는 부모를 죽여야 한다고 말했다지요. 이는 진짜로 그들을 살해하라는 뜻이 아니라 우리가 지고 다니는 부모에 대한 생각, 그것을 살해하라는 것입니다. 우리는 무슨 일을 하다가 갑자기 어머니의 목소리를 듣게 될 때가 있습니다. "안 돼, 하지 마." 순간 우리를 멈추게 하는 어머니의 목소리를 듣곤 하는 것이지요. 마치 녹음테이프가 돌아가고 있는 것처럼 말입니다.

여자 혹은 남자와 섹스를 하려고 할 때, 갑자기 일렬로 줄을 지어선 선생들의 목소리가 들려옵니다. "너는 지금 나쁜 짓을 하려고 하는구나. 죄를 지으려 한다고. 정신 차려라." 심지어 부인과 혹은 남편과 섹스를 할 때조차 부모나 선생들이 그 사이에 끼어들어서 방해를 합니다.

전적으로 사랑에 몰입하는 사람을 찾기가 어려운 이유입니다. 우리는 너무 오랫동안 사랑은 나쁜 것이라는 교육을 받아왔기 때문이지요. 한 순간에 그러한 부정적인 생각을 떨쳐버리기는 쉽지 않습니다. 우리 안에 그 모든 목소리들을 살해할 만한 능력이 없다면 말입니다.

그 모든 목소리들을 떨쳐버리기 위해서는 굉장한 용기가 필요한 것은 말할 것도 없습니다. 지도조차 없는 자신의 세계로 들어갈 준비가 되어야 하는 것입니다. 위험을 무릅쓰고 말이지요.

이렇게 산 대표적인 사람들이 예수와 붓다 같은 이들 아니겠습니까? 그들은 반사회적 반전통적인 사람들이었습니다. 그들은 존경할 만한 사람이 아니었으며, 그런 사람일 수도 없었습니다. 그들은 반사회적인 요소를 가득 가진 사람들이었으니까요.

그들은 방랑자들이었으며 기이한 사람들이었습니다. 그들은 사회의 요구에 부응하지 않았으며, 사회에 적응하려 하지도 않았습니다. 그들은 소규모의 추종자들을 모아 자신들의 빛으로 살아가는 대안적인 사회를 만들려고 했지요. 사실 이제까지 정의로운 사회는 존재한 적이 없으며, 어떤 전통도 깨달음에 이르지 못한 무의식적인 군중들에 의해 형성된 것들이었기 때문입니다.

그러나 사회는 반사회적인 현상을 재빨리 흡수하여 협조하는 성향으로 바꾸어 버리려고 합니다. 사회는 항상 일사분란하게 돌아가야 하는 것이라고 확신하기 때문입니다. 그래서 어떤 사람이 군중과 조금만 다르게 생각해도 사람들은 그를 의심합니다. 그러나 군중의 일부가 되면 그는 정상인으로 받아들여집니다.

군중들이 비정상일 수도 있습니다. 그러나 그것은 문제가 안 됩니다. 그는 언제나 군중의 일부가 되어야 하며 그들의 행동 방식대로 행동해야 합니다. 예외는 허용되지 않고, 개인의 독자성은 용납되지 않습니다. '개인'은 정신병원에 집어넣어집니다. 그러나 사실은 어떤 평범한 사람일지라도 가장 예외적인 개인인 것입니다.

전통을 따르는 것은 사회에 순응하는 것이기는 하지만 반드시 진리에 맞는 것은 아닐 것이라는 생각을 하게 됩니다. 그러나 진리에 너무 충실하다 보면 이번에는 사회에서 이단아로 몰릴 수도 있을 것입니다. 이상과 현실 사이에서 조화를 이루기는 참으로 어려운 노릇입니다.

그런 문제를 해결하는 것은 중요하지 않습니다. 그보다는 안정된 낡은 상황을 벗어나 보는 것이 좋은 경험이 될 것입니다. 조화를 이루지 않은 상태인 채로 문제가 발생하는 게 더 좋습니다. 이제 상황은 우리와 우리의 지성에 좌우됩니다. 이 기회를 성장에 이용하는가, 성장을 저해하도록 만드는가는 우리가 결정해야 합니다.

라즈니쉬가 이런 상황을 그 특유의 예리한 지성으로 극복한 이야기를 소개합니다. "나의 할아버지는 나에게 말씀하시곤 하셨다. '네가 말하는 것은 뭐든지 옳다. 나는 네가 진실된 어떤 것을 말하고 있다는 사실을 이해할 수 있다. 그러나 나는 제안하고 싶다. 그것을 누구에게도 말하지 마라. 너는 곤경에 빠질 것이다. 너는 세상 전체와 싸울 수 없다.

너는 진리를 가지고 있을지도 모른다. 그러나 진리는 중요하지 않다. 중요한 것은 군중이다. 전통적인 방식들에는 거짓된 것들이 적잖이 섞여 있을지도 모른다. 그러나 군중은 그들과 함께 있다. 그들의 거짓말들은, 무수한 인간들과 그들의 오랜 전통에 의해 지지 받고 있다. 너는 아무것도 아니다.'

나는 할아버지와 무척 가까웠다. 그분은 마을을 방문하고 있던 성자들에게 나를 데려가시곤 했다. 그분은 내가 그 소위 성자들과 논쟁을 벌이면서 그들에게 완전히 당혹스런 상황을 만들어 내는 것을 무척이나 즐겼다. 왜냐하면 그들은 내 질문에 대답할 수가 없었기 때문이다.

그러나 돌아오면서 그분은 나에게 말씀하시곤 했다. '기억하라. 그것은 하나의 게임으로서는 좋지만 네 삶으로 만들지는 마라. 그렇지 않으면 너는 세상 전체에 대해 혼자가 될 것이다. 그러면 너는 세상 전체에 대항해서 이길 수 없을 것이다.'

그분이 한 마지막 말씀 역시 같은 말씀이셨다. 돌아가시기 전에, 그분은 나를 가까이 불러 말씀하셨다. '기억하라. 세상에 대항해서 싸우지 마라. 너는 이길 수 없다.' 나는 말했다. '이제 할아버지는 죽어 가고 있습니다. 할아버지는 세상과 함께 했습니다. 그래서 무엇을 얻었습니까?

저는 할아버지가 부탁하고 있는 것을 약속할 수 없습니다. 제가 할아버지에게 정말 분명히 하고 싶은 것은, 어떠한 희생을 치르더라도, 제가 싸움에서 질 수도 있겠지요. 그러나 그것은 저의 싸움이 될 것입니다. 그리고 저는 진리의 편에 섰기 때문에 말할 수 없이 만족할 것입니다. 제가 이기건 지건, 그것은 문제가 되지 않습니다. 그것은 하나의 게임에 지나지 않을 것입니다.'"

삶을 사는 유일한 길은 스스로 살아가는 것이다. 사실, 이러한 용기는 라즈니쉬에게서만 볼 수 있는 것이 아니고, 모든 사람들 안에 씨앗처럼 숨어 있습니다. 그것은 연습해야 할 성질의 것이 아니고, 우리의 삶, 우리의 호흡의 일부인 그 어떤 것이지요.

단지 사회가 우리의 자연스런 성장을 방해하는 수많은 장벽들을 쌓아놓았기 때문에 대체 어디서 용기를 얻어야 하는가, 어디에서 지성을 얻어야 하는가, 어디에서 진리를 얻어야 하는가, 생각하게 된 것입니다.

우리는 어떤 곳으로도 갈 필요가 없습니다. 우리는 우리가 되고자 하는 모든 것을 씨앗의 형태로 내포하고 있습니다. 이런 사실을 깨닫지 못하고 군중과 더불어 사는 사람들은 모든 것을 잃습니다. 사실 그들은 죽기 시작했습니다.

마지막 숨을 거둘 때까지 계속 죽어 가고 있습니다. 그들의 삶 전체는 하나의 기나긴 죽음의 행렬입니다. 군중 속에 묻혀 있는 사람들을 바라보십시오. 우리는 그들과 함께할 수 있습니다. 그러면 우리의 운명도 그들과 같이 될 것입니다.

우리가 그것을 본다면 일은 아주 간단합니다. 삶을 사는 유일한 길은 스스로 살아가는 것입니다. 그것이 개인적인 현상입니다. 군중

속에서 벗어나 독립적이고 자유로워야 합니다. 그것이 속박으로 죽어 가는 모든 것을 덜어내는 것이며, 그럼으로써 삶이 계속해서 성장할 수 있고 죽어 있는 것들의 무게에 짓눌리지 않게 되는 것입니다. 이것이 진정으로 가치 있는 삶입니다.

> **전통적으로는 온고溫故를 옛것을 익히는 것習, 혹은 옛것을 찾아서 살피는 것尋繹으로 풀이하는 것이 이제까지 최고의 권위를 지닌 해석이었다고 할 수 있습니다. 이에 대해서는 어떻게 생각하시는지요.**

이런 풀이도 그 자체로는 하등의 문제가 없으며 가능한 여러 해석 가운데 하나가 될 것입니다. 모든 표현은 다양한 관점에서 접근될 수 있도록 열려 있습니다. 그러나 이런 풀이가 무엇을 의미하는지에 대해서는 좀 더 깊이 이해할 필요가 있습니다. 즉 해석의 해석에 대한 문제가 제기될 수 있을 것입니다. 여기서 옛것을 찾아서 살피는 것의 가치와 그 바른 방법에 대해서 생각해 봅니다.

과거가 명료해지면 과거로부터 해방된다. 우리는 기억 속에서 과거로 들어갈 수 있습니다. 이때 단지 기억을 더듬는 것이 아니라 생생히 눈앞에 환기시켜 보는 것이 중요합니다. 매일 밤 1시간씩 과거로 돌아가 어릴 적에 어떤 일이 일어났는지 곰곰이 기억을 떠올려 봅니다. 더 자세히 떠올릴수록 좋습니다.

우리는 과거의 많은 일들을 꼭꼭 숨겨두고 의식의 세계로 떠오르지 못하도록 하기 일쑤입니다. 지금 그것들을 의식의 표면에 떠올려 보는 것입니다. 매일 밤 이렇게 하다보면 갑자기 우리 앞에 만리장성

같은 높은 벽이 나타나 더 이상의 기억을 차단하는 순간이 나타나게 될 것입니다.

그래도 계속 떠올려 보면 점차 세 살, 두 살로 거슬러 올라가면서 더 먼 과거가 보일 것입니다. 어떤 사람은 엄마 뱃속에서 태어날 때의 기억까지 되새기는가 하면, 심지어는 희귀하게도 이승에서의 시간 그 너머의 사건인 전생에서 죽었던 때를 기억하는 사람도 있을 수 있습니다.

태어날 때로 거슬러 올라가 그때의 순간을 기억할 수 있다면, 그것은 아마도 깊은 고뇌와 고통이 될 것입니다. 태어날 때의 고통을 다시 경험하게 될 테니까요. 아기가 첫 울음을 터뜨릴 때처럼 비명을 지를지 모릅니다. 아기가 자궁에서 나올 때 숨이 탁 막히는 것처럼 우리도 숨통이 막히는 경험을 할지도 모릅니다.

아기는 출생 후 몇 초 동안은 숨을 쉬지 못합니다. 위기일발의 순간이지요. 아기가 울음을 터뜨리고 나서야 숨이 들어옵니다. 기도가 열리고 폐가 기능을 하기 시작합니다. 이런 시점까지 거슬러 올라가야 합니다. 그리고 거기에서 다시 뒤로 거슬러 올라가 회상해보아야 합니다.

옛것을 찾아서 살피는 데 철저하면, 자연히 우리의 짐은 점점 가벼워질 것입니다. 과거가 명료해지면 과거의 모든 일을 다시 볼 수 있고, 그러면 우리는 과거로부터 해방됩니다. 과거의 흔적들로 가득 찬 마음이 깨끗이 비워집니다.

이것이 문제를 해결하는 열쇠입니다. 기억 속의 어떤 것이든 자각할 수 있다면 그것으로부터 우리는 해방됩니다. 자각은 해방을 주고, 무의식은 구속을 줍니다. 이런 면에서 전통적 해석의 가치를 평가할 수 있을 것입니다.

이 장을 마치기 전에 다소 현학적일 듯도 한 질문을 하나 하고
싶습니다. 새로운 해석에 해당하는 '溫'이란 한자와 관련해서
말인데요,
'옛것을 버리다'는 뜻의 溫故에서 溫은 대신 평이하게, '버리
다'란 뜻의 한자 棄기나 去거 등을 사용할 수도 있었을 텐데,
굳이 '溫' 자를 쓴 데 무슨 이유가 있는지요? 溫의 기본 의미
혹은 대표 의미는 '따스하다'이고, 그래서 溫을 흔히 '따뜻할
온'이라 하잖아요.

과거는 한 동안 우리와 함께 하면서 정도 들고 도움도 주었을 것이
니, 우리가 과거를 부득이 버려야 할 때도 아무 감정 없이 기계적으
로 혹은 매정하게 가차 없이 버리기보다는 우리는 과거에 대해 이렇
게 말해야 합니다.

'잘 가라 과거여. 그동안 베풀어준 고마운 것들에 대해 진심으로
감사한다. 그러나 이제 우리를 현재에 살도록 내버려두라. 우리를
완전히 자유롭고 자신의 행동에 스스로 책임지는 사람으로 살게 하
라. 삶의 강과 더불어 흐르도록 우리를 내버려 두라.' 溫은 이렇게 애
석해 하며 부드럽게 하는 작별 인사일 듯합니다.

그러나 이것이 과거를 버리는 데 다소라도 미련을 갖고 소극적으
로 해도 좋다는 뜻은 아닙니다. 우리는 흔히 과거가 우리에게 영향력
을 행사하도록 허용하고 있습니다. 우리는 죽은 자들이 우리를 조정
하도록 방치하고 있습니다.

그러나 스승은 언제나 제자들이 낡고 부패한 것에 확고하게 반기
를 들기를 희망합니다. 새로운 가치를 위해 살고, 삶과 더불어 흐르
기를 기대합니다. 그러므로 우리는 마지못해 하는 듯한 미적지근한
태도가 아니라, 적극적으로 과거를 청산하고 즐겁게 춤추는 기분으

로 현재를 살아야 할 것입니다.

이 지구는 이념적인 가치를 내세우는 정치가나 종교지도자, 혹은 교회나 전통의 소유물이 아닙니다. 이 지구는 현재의 삶을 사랑하고 이 순간의 삶을 노래하는 사람들, 이런 삶을 축복하고 춤출 준비가 되어 있는 사람들의 것입니다. 삶을 언제나 하나의 활기찬 축제로 만들 수 있는 사람들, 삶은 그런 사람들의 것입니다.

과거에 묶여 이런 삶에 반대되게 사는 것은 신성하지 않습니다. 눈앞의 삶을 찬양하는 것, 이 삶에 더 많은 사랑이 넘치게 하고, 더 아름답고 즐겁게 만드는 것, 이러한 삶의 존엄성을 긍정하는 것, 신성한 것은 이런 것입니다. 삶을 남김없이 전체적으로 사는 것, 이것이 신성임을 명심해야 할 것입니다.

4

직업이 인생이 아니다

君子不器
군 자 불 기

군자는 그릇과 같이 한 용도로만 쓸모 있는 사람으로 살지 않는다.

주해

君子 행실이 점잖고 어질며 덕과 학식이 높은 사람, 깨달음이 높은 사람 ┃ **不** 부정을 나타내는 말, 不死, 不幸처럼 동사나 형용사 등 용언을 부정하며, 非命, 非理처럼 명사를 부정할 경우는 非가 쓰인다. ┃ **器** 그릇, 그릇 하나는 한 가지 용도밖에 갖지 않는 것처럼 한 가지 쓰임새밖에 없는 편협한 도구성을 상징한다. 不의 한정을 받는 것으로 보아 동사로 쓰인 것으로 이해해야 하며, 따라서 그 의미는 '그릇처럼 한 가지 일에만 쓰이는 도구로 기능하다'와 같은 것으로, '전문가specialist로 활동한다'는 취지로 이해해볼 수 있다.

많은 사람들이 전문가가 되기를 원합니다. 어려운 전문직에서 일하는 사람은 사람들이 인정해주는 그 맛에 삽니다. 그러나 지혜로운 사람은 결코 한 분야의 지식만 깊이 천착하는 학자나 한 가지 일에만 능한 기술자처럼 특정한 전문가로 살면서 기고만장하는 어리석음을 범하지 않습니다.

사회적 성취는 우리가 생각하는 만큼 성공적이지 않으며, 단지 자신의 존재에서 멀어져 가기만 할 뿐입니다. 깨달음이 높은 사람은 그렇게 외곬으로 살기보다 보통 사람으로, 무명인으로 살기를 지향합니다. 그때 존재계의 모든 보물은 그의 것이 됩니다. 모든 보물은 우리들 각자 안에 있기 때문입니다.

진정한 인간이란 언제까지나 순수하게 일반인으로 남아서 어떤 식으로도 한정되지 않기 때문에 쉽게 정의될 수 없는 것입니다. 예기의 대도불기大道不器란 말과 일맥상통합니다. 이는 큰 도의 작용은 너무도 광활해서, 하지 못할 일이 없을 정도로 두루 모든 일에 통한다는 것입니다.

위대한 스승들은 전문가가 아닌 일반인으로 살기를 좋아한다는 것은 우리의 현실과 상반되기 때문에 이해가 잘 안 됩니다. 전문직이란 요즘 사람들이 제일 선호하는 직업인데, 이를 부정하고 거부할 수 있는 지혜는 과연 무엇인가요?

전문직이란 그 자체로 매력적인 것은 결코 아니며, 단지 성취욕에 급급한 사람들에게만 그렇게 보일 뿐입니다. 하지만 우리는 무의식적이어서 그 사실을 알 수 없습니다. 이해는 오직 혼란스럽지 않은 마음을 통해서만 일어날 수 있으니까요.

앞에서 한 이야기를 다시 환기함으로써 이를 이해하는 데 도움이 될 듯합니다. 삶의 참된 의미를 이해하는 한 선생이 소년에게 물었습니다. "너는 장차 어떤 사람이 될래?" 소년이 대답했습니다. "제가 생각하기로는 아마 미친 사람이 될 거예요." "왜 그런 생각을 하니?" "엄마는 내가 의사가 되기를 원해요. 그리고 아빠는 기술자가 되기를 원하고요. 또 삼촌은 내가 과학자가 되기를 바라요.

그들은 나를 미친 상태로 몰아가고 있어요. 내가 무엇이 되고 싶은지 묻는 사람은 아무도 없어요. 그들끼리 결정하고 그들끼리 말다툼을 하지요. 서로 자기 생각이 옳다고 내세우면서 말이에요. 그래서 그들 모두는 자기들의 야망을 나를 통해 이루려 하지요."

선생이 소년에게 말했습니다. "'아니오'라고 말하는 법을 배워라. 미칠 필요는 없다. 네가 무엇을 원하는지 당당하게 말하고 그것을 위해서라면 어떤 위험과도 맞서서 싸워라. 그러면 결코 불행해지지 않을 것이다. 너는 부자나 유명인사가 되지 못할지도 모른다. 그러나 진정으로 의미 있는 것은 돈으로 살 수 없다.

무엇이 되든지 간에 네가 원하는 대로 되었음에 깊이 만족한다면, 너는 세상에서 가장 부유한 사람이 될 것이다. 부유함은 은행에 돈이 얼마나 들어 있느냐 하는 것과는 아무 상관도 없다. 부유함은 자신의 운명을 달성했다는 만족과 성취감, 내적인 즐거움으로 이루어진다."

전문직의 삶에는 진정한 기쁨이 없다. 일반적으로 교육은 우리의 두뇌를 지식으로 채웁니다. 지식은 유용한 것이기 때문입니다. 사회에는 의사와 기술자, 과학자가 많이 필요합니다. 그래서 우리를 그런 일에 써먹기 위해 교육시키는 것이지요.

의사나 기술자가 되면 안 된다는 말이 아니라, 어떤 일이든 외부의 강요에 의해 선택해서는 안 된다는 것이지요. 어떤 사람이 의사로 자신을 드러낸다면 그에게서는 무엇인가 알 수 없는 치료의 힘이 느껴집니다. 그런데 대부분의 사람들은 먹고 살기 위해 의사가 됩니다.

그러나 우리가 더 나은 수입을 얻기 위해 어떤 일을 선택한다면 그 직업의 무게가 그를 짓누르게 됩니다. 평생 동안 그는 그 일에 끌려 다니다가 죽습니다. 그런 삶에는 기쁨이 없습니다. 물론 많은 재산을 남길 수는 있을 것입니다.

그 재산으로 자식들은 교육을 받고 아버지가 다닌 학교에 입학하여 또 의사가 되고, 세대를 이어가며 무의미한 헛수고와 고생이 되풀이되지요. 어쩌면 우리의 고등교육은 이렇게, 여러 분야의 전문가를 양성하기 위한 정교한 프로그램이랄 수 있을 것입니다.

이런 교육을 통해서 서른 살 전후해서 어떤 분야의 당당한 전문가가 됩니다. 그 이후에 다른 변화를 시도하는 것은 너무 위험해 보입니다. 진작 의사가 되는 교육을 받았습니다. 별다른 문제는 없습니다만, 자신이 원하는 일이 아니었다는 사실을 깨닫습니다.

그렇다고 이제 어떻게 합니까? 의사 시늉을 하면서 살아가는 수밖에 없습니다. 그러나 의사로서 행복을 느끼지 못하는 사람은 환자의 병을 치료하지 못합니다. 약을 주고 수술을 할 수는 있겠지만 치료하는 힘을 지닐 수는 없기 때문입니다.

자연은 성장하는 개인을 원한다. 우리 사회의 전문직 종사자들의 삶은 대체로 이와 같을 것으로 보아 크게 틀리지 않을 듯합니다. 이들은 겉으로는 성숙한 것처럼 보이지만 실제로 깊이 들어가 보면 굉장히 미숙합니다. 이들은 외부의 소리에만 귀를 기울인 나머지 자신의 작고 고요한 내면의 소리를 들을 수 없습니다. 의식이 깨어있지 못하기 때문이지요.

비록 야망을 이루었다 해도 의식이 깨어 있지 않다면 불행한 결과를 낳기 마련입니다. 이들은 타고난 모든 아름다운 것들을 잊어버리고 단지 사회의 톱니바퀴가 되어 한 분야에서 똑같은 일을 반복함으로써 날로 숙련된 전문가로서의 자질만 키워나갑니다.

나무가 성장하기 위해서는 가지들이 사방으로 뻗어나가야 합니다. 그러나 이들은 가지 하나만 남겨 놓고 나머지 가지를 다 잘라버려서, 그 나무가 한쪽 방향으로만 성장하도록 만들고 있는 것과 같습니다. 결국 그것은 아주 초라한 나무, 아주 보기 흉한 나무가 될 것입니다. 뿐만 아니라 마침내 그 나무는 심각한 난관에 처하게 될 수밖에 없습니다.

인간의 영혼은 한 그루 나무처럼 모든 방향으로 성장해야 합니다. 그래서 의식이 깬 사람은 풍성한 존재로 남아 지복에 찬 상태로 살기를 원하며, 다른 어떤 것을 위해서도 지복을 희생하지 않으려 합니다. 이들은 사회의 구속력을 완전히 벗어나 있으며, 사회는 오직 야망에 찬 사람들만을 지배할 수 있습니다. 지혜로운 사람은 야망을 적으로 경계합니다.

잘 아시다시피 붓다와 예수와 노자는 사회에서 벗어난 사람들입니다. 그들은 사회가 그들을 우둔한 사람으로 만들지 못했다는 것을 보여 줍니다. 그들은 특별하게 보입니다. 온 사회가 우둔하게 되어 있기 때문이지요.

그러나 그들이 표준입니다. 그들은 지성적이고 이지적인 자연인이었습니다. 이들에게 사회는 큰 의미가 없습니다. 오직 개인만이 본질적 가치를 지닙니다. 사회는 인간의 필요에 의해 기능하는 시스템일 뿐입니다. 자연은 항상 성장하는 개인을 원합니다.

사회의 부품이 되는 것은 인간의 존엄성을 부정하는 것이다. 깨달은 이들은 기본적으로 효율적으로 살기보다 창조적으로 살기를 원합니다. 능률이란 타락한 물질주의에서나 소용되는 것입니다. 그들은 언제나 아이처럼 순수한 상태로 남아 있습니다. 모든 어린아이는 창조적입니다.

예수는 말합니다. "어린아이 같은 사람들이 신의 왕국에 들어갈 수 있다." 어린아이란 사무적이지 않고 장난스러운 것이 그 생명입니다. 아이들은 장난스럽고 천진난만하며 전혀 심각하지 않습니다.

창조적인 사람은 로봇이 아닙니다. 로봇 같은 사람은 결코 창조할 수 없습니다. 로봇 같은 사람은 같은 일을 반복할 뿐입니다. 창조적인 사람은 계속해서 새로운 것에 도전합니다. 깨달은 사람들은 삶의 이유가 사회의 부품이나 필수품이 되기 위한 것이 아님을 끊임없이 상기합니다. 쓸모 있는 사람이 되기 위해 존재하는 것은 인간의 존엄성을 무시하는 짓이지요.

그들은 여기에서 더욱 능률적으로 되기 위해 있는 게 아니며, 더욱 생생하게 살아있기 위해서 있는 것이니까요. 그들은 더욱 지성적으로 되기 위해서 여기에 있는 것이며, 더욱 행복한 존재, 지복의 기쁨을 누리기 위해 여기에 있는 것입니다. 그들은 덜 효율적으로 되고 더 창조적으로 되려고 노력합니다. 능률주의자의 목표에 너무 신경 쓰지 않는 이가 진정으로 지혜로운 사람입니다.

우리 사회에서는 의사, 변호사, 교수 등 전문적인 지식으로 사는 사람들을 가장 품위 있게 성공한 사람들로 간주합니다. 그런데 군자불기의 정신으로는 이런 것들마저 마다해야 할 것 같은데, 과연 그렇게 할 수 있을지, 참으로 어려울 듯합니다.

모든 사람이 안정된 직종에 종사하면서 기품 있게 살고자 하는 욕망이 있는 중에 의사, 변호사, 교수 들은 이런 욕망과 야망의 세계에서 어느 정도 성공한 대표적인 사람들이라 할 수 있을지 모릅니다. 그러나 이런 삶은 결코 겉으로 보는 것처럼 그렇게 품위가 있거나 행복하지 않을 뿐만 아니라, 이런 사람들 또한 겉보기처럼 그렇게 성숙한 사람이 아닙니다.

진실로 성숙한 사람이란 성숙한 태도를 취하지 않습니다. 오히려 성숙한 태도를 취하는 것은 성숙에 커다란 장애가 될 수도 있습니다. 취한다는 말은 절로 일어났다기보다 인위적으로 실습하고 강요한 느낌이 들어, 이는 일종의 가면처럼 자신의 진짜 존재가 아닌 거짓 얼굴임을 암시합니다. 모든 사람들이 다소간 가면을 쓰지만, 이들은 특히 가면 관리에 신경을 쓰지요.

이들은 이중적입니다. 외부에 그 일면이 있고, 내부에 그 반대의 일면이 또 있습니다. 이들은 가면을 쓰고 있으며, 그 가면 뒤에 자신을 감추고 있습니다. 우리는 그 가면에 호감을 가지고 있으나, 조만간 그 진면목을 알게 될 것입니다. 24시간 동안 가면을 쓸 수는 없지 않습니까? 외면으로만 성숙한 태도를 취하고 있을 뿐, 내면은 여전히 미숙함을 벗어나지 못하고 있음을 오래지 않아 간파하게 되곤 하지요.

성공이 아니라 행복이 기준이다. 인류에게 일어난 가장 큰 재앙 중의 하나는 성공해야 한다는 생각입니다. 성공하기 위해서는 수단 방법을 가리지 않고 경쟁하고 싸워야 합니다. 성공만 하면 되는 것입니다. 나쁜 방법으로 성공을 했다 해도 일단 성공하기만 하면 되니까요. 성공은 나쁜 수단도 좋은 수단으로 변화시키지 않습니까. 그래서 온갖 부정한 방법이 다 동원됩니다.

또 사람들은 이런 전문직의 한 자리를 차지하는 데 만족하지 않고, 어떻게 해서든지 그 분야에서 최고가 되기 위해서 갈수록 치열한 경쟁을 벌여야 합니다. 물론 최고의 자리에 올라서는 사람은 지극히 적을 수밖에 없습니다.

에베레스트의 정상에 몇 사람이나 서 있을 수 있겠습니까. 에베레스트의 정상은 아주 좁습니다. 몇 사람만 올라가면 가득 차지요. 그 몇 사람을 제외한 수많은 사람들은 좌절감을 맛보고 고통 속에서 열등감으로 시달립니다.

예수는 사회적인 눈으로 보면 실패한 인생입니다. 불과 서른세 살에 십자가에 못 박혀 처형당했으니까요. 그에게는 지위도 명성도 권력도 없었지요. 그러나 그는 내면적으로 매우 행복했으며, 무아경의 삶을 살다 갔습니다. 그의 몸은 죽일 수 있어도 그의 영혼은 죽일 수 없었기 때문이지요.

성공은 기준이 될 수 없습니다. 성공은 많은 것들에 의존하기 때문입니다. 행복이 기준입니다. 행복은 오직 자신에게만 달려 있습니다. 다른 경쟁자들 때문에 성공하지 못할 수도 있습니다. 자신은 스스로의 삶에 충실한데 다른 사람들은 계산적이고 영악하고 교활하고 부도덕하게 살면 경쟁에서 뒤질 수밖에 없습니다.

성공하기 위해서는 머리를 잘 굴려야 합니다. 의사, 변호사, 교수 등 소위 성공한 지식인들은 뛰어난 머리로 치열한 두뇌 경쟁에서 이긴 사람들입니다. 그러나 이들의 나날의 삶은 매우 힘겹고 심각합니다. 이들에게는 흘러넘치는 가슴이 없습니다. 가슴은 목적을 성취하기 위한 도구가 아니라 장미꽃과 같은 것입니다.

머리는 우리에게 양식을 줄 수 있으나 기쁨을 주지 못합니다. 머리는 심각하기만 합니다. 그래서 웃음을 앗아갑니다. 웃음이 없는 삶이란 인간 이하의 삶입니다. 온 존재계에서 웃을 수 있는 존재는 인간뿐이지요. 웃음이 없는 삶은 비인간적입니다. 이들은 너무 심각하며, 심각함은 영혼의 병입니다.

머리와 가슴 행복하게 살기 위해서는 머리에서 해방된 가슴이 필요합니다. 그러나 직장에서는 가슴이 쓸모 없습니다. 직장은 가장 삭막하고 저급한 삶의 공간입니다. 사람은 빵으로만 살 수 없다는 예수의 말은 백 번 옳습니다. 하지만 직장은 우리에게 빵만을 줄 수 있을 뿐입니다.

우리는 빵으로 생존할 수 있지만 생존이 삶의 전부는 아닙니다. 삶에는 빵 이외에도 춤과 노래와 기쁨이 있어야 합니다. 머리는 우리에게 생명의 과즙을 주지 못합니다. 머리는 메말라서 계산을 하는 데는 유용하지만 인간관계에는 유용하지 않으며, 사람의 잠재력을 꽃 피우는 데도 유용하지 않습니다.

전문직에서 살아남자면 머리는 더없이 중요합니다. 머리가 모자라면 생존도 위협받게 됩니다. 직장에서는 머리를 잘 활용할 줄 알아야 합니다. 그렇지만 사람이 머리를 이용해야지 머리가 사람을 이용해서는 안 됩니다. 머리를 이용하는 것과 머리에 이용당하는 것은 다릅니다. 소위 기품 있게 성공한 이들은 이런 함정에 빠져있습니다. 인간의 머리가 지나치게 강력해진 나머지 주인 노릇을 하고 있습니다.

머리에 반대한다는 말을 듣고 오해해서는 안 됩니다. 사실 깨달은 이들은 머리에 반대하거나 머리를 과소평가하지 않습니다. 그보다는 우리가 하나의 오케스트라가 되기를 바랍니다. 교향악을 연주할 줄 모르면, 머리와 가슴을 통합할 줄 모르면, 그래서 사물을 전체적으로 바라볼 줄 모르면, 똑같은 악기들이 소음의 지옥을 만듭니다.

머리만 작용하고 가슴이 죽은 사람은 진정으로 살아 있다고 할 수 없습니다. 기껏해야 일 잘하는 로봇에 불과할 뿐입니다. 균형 잡힌 인간이란 머리와 가슴이 조화롭게 작용하는 사람입니다. 머리는 직장에서 어려운 일을 훌륭하게 해냅니다. 하지만 집에 들어와서는 외투나 신발, 모자를 벗는 것처럼 머리를 내려놓아야 합니다.

이는 머리에 반대하는 게 아니라 머리에 휴식을 주는 것입니다. 가정에서 아내나 남편, 아이들, 부모와 있을 때는 머리가 필요 없습니다. 이때는 사랑이 충만한 가슴이 필요합니다. 가정에 사랑이 충만하지 않다면 그곳은 가정이 아니라 한낱 집일 뿐이지요.

깨달은이들이 특정한 지식이나 기술을 요하는 일을 마다한다면, 요즘 같은 세상에서는 변변한 직장 하나 갖지 못하는 신세가 될 수밖에 없을 것입니다. 그러면 이들이 세상에 존재하는 방식과 존재하는 가치나 이유는 무엇입니까?

대단히 중요한 질문입니다. 깨달은이들이 사는 방식을 되새겨보는 것은 우리에게 새로운 가능성에 대한 비전을 줄 수도 있기 때문입니다. 삶에는 두 가지 차원이 있습니다. 하나는 수평적 차원으로서, 우리들 모두가 여기 속합니다. 그 안에서 우리들은 더욱더 많은 것을 요구하고 있습니다. 그 양은 문제가 되지 않습니다. 어떠한 양도 우리를 만족시키지 못할 것입니다.

수평적인 선은 양적인 선입니다. 우리는 계속해서 나아갈 수 있습니다. 그것은 수평선과 같습니다. 우리가 나아갈수록 그 수평선은 계속해서 뒤로 물러납니다. 우리와, 더욱더 많은 것을 향한 우리의 목표 사이의 거리는 항상 똑같은 채로 남습니다. 수평적인 선이란 정확히 하나의 환영입니다. 수평선은 존재하지 않습니다. 이런 삶은 약속은 하지만, 결코 그 물건을 배달해 주지는 않습니다.

다른 하나는 수직적인 차원입니다. 이것이 깨달은이의 삶의 방식입니다. 그는 요구하지 않습니다. 그가 삶을 풍족하게 느낄 수 있는 이유입니다. 그는 아무런 목표도 가지고 있지 않습니다. 그것이 바로 그가 그것에 그토록 가까이 있는 이유이지요.

거기에는 아무런 요구도, 욕구도, 목표도 없기 때문에 그는 전혀 긴장하지 않아요. 완전히 이완되어 있지요. 이렇게 이완된 상태 속에 궁극적 존재와의 만남이 있습니다.

우뇌와 좌뇌 이를 과학적으로 생각해 볼 수도 있으니, 즉 인간의 두뇌는 두 개의 반구로 나눠집니다. 우뇌는 직관적이고 비논리적이고 낭만적이고 종교적입니다. 그리고 좌뇌는 논리적이고 이성적이고 수학적이고 계산적입니다. 이 두 뇌 사이에는 끊임없는 갈등이 있습니다. 좌뇌가 계속 지배하면 우리는 퍽 성공적인 삶을 살 것입니다.

그러나 그것이 다는 아니지요. 위대한 과학자가 될지는 모르지만, 결코 위대한 존재는 아닐 것입니다. 부를 축적할지 모르지만, 소중한 것을 모두 잃을 것입니다. 알렉산더 대왕처럼 전 세계를 정복할 수도 있겠지만, 내부의 영토는 정복되지 않은 채 남아 있을 것입니다. 그것은 차, 돈, 집, 권력, 명예 같은 일들과 더 관계가 있습니다.

우뇌는 구도적 삶을 지향하고, 내면의 존재나 내면의 평화와 지복에 더 관심이 있으며, 세상의 성공에는 관심이 적습니다. 그것들이 쉽게 올 수 있다면 좋고, 오지 않는다 해도 상관없습니다. 우뇌는 이 순간에 더 관심이 있고 미래에는 관심이 덜합니다.

이는 시에 더 관심이 있고 수학에는 관심이 덜합니다. 이는 계산을 통해 살지 않고, 꿈과 비전을 통해 살고, 삶을 시화詩化합니다. 그때 나무들은 보다 푸르고, 새들은 보다 아름다우며, 만물은 눈부시게 맑습니다. 평범한 돌도 더 이상 평범하지 않을 것입니다.

우뇌로 하는 행동은 모두 가치가 있습니다. 그 행동은 신성하고 경건합니다. 모두 예배가 됩니다. 우뇌인은 삶을 하나의 놀이로서, 게임으로서 참여하고 있기 때문입니다. 그는 행동 안으로 들어가는 것은 넘쳐나는 에너지 때문일 뿐이라는 것을 알고 있습니다.

그는 무엇을 하거나 목표에 도달하는 데는 관심이 없습니다. 그의 행동은 일이 아니고 놀이입니다. 그래서 지복을 느낍니다. 놀이를 할 때 우리는 언제나 행복을 느끼지 않습니까? 우리의 모든 삶이 놀이가 된다면 얼마나 행복해질지 상상도 할 수 없을 것입니다.

직업적인 선수는 경기를 하면서 행복해하지 않습니다. 그것이 노동이기 때문이지요. 그들은 놀이에는 관심이 없고 상금과 연봉에만 관심이 있습니다. 일은 목적이 그 일 자체에 있지 않은 것을 의미합니다. 우리는 목적에 관심을 갖습니다. 일을 하지 않고도 목적을 이룰 수 있다면 우리는 일을 버릴 것입니다.

일은 짐처럼 지고 다녀야 할 귀찮은 존재일 뿐입니다. 우리는 되도록 가벼운 짐을 지고 목적지에 쉽게 도달하기를 원합니다. 그러나 놀이는 전적으로 다릅니다. 놀이의 목적은 놀이에 있지요. 그래서 그것을 즐기는 것입니다.

깨달은 사람은 의무로 해야 할 일이 없다. 깨달은 사람은 직업도 놀이로 합니다. 직업이든, 장사든, 그 무엇이든 놀이로 합니다. 그는 해야 할 일business이 없습니다. 그래서 그는 바쁘지busy 않습니다. 해야 할 일이 아무것도 없기 때문에 서두르지 않습니다.

모든 것이 완성되지 않은 채로 있어도 서두르지 않습니다. 그것은 단지 놀이이기 때문에 도중에 끝나도 상관없는 것입니다. 사실 이루어야 할 하등의 목적도 없습니다. 이것이 구도의 자세입니다.

깨달은이는 무슨 직업을 갖더라도 그것은 문제가 되지 않습니다. 그는 자신의 직업에 성스러운 자질을 부여할 수 있습니다. 그는 구두를 수선하거나 도로를 청소하는 일을 할 수도 있습니다. 그러나 자신이 하는 일에 아름다움을, 은총을 가져올 수 있습니다.

그것은 명상적인 자세를 통해서 가능합니다. 명상은 사람들이 무거운 마음의 구속에서 벗어날 수 있는 유일한 치료제입니다. 명상meditation과 약medicine은 같은 어원에서 나온 말입니다. 즉 약은 육체를 위한 것이고, 명상은 영혼을 위한 것입니다.

놀이를 하고 있을 때는 다른 사람들을 해칠 필요가 없습니다. 그러나 일로 바쁠 때는 다른 사람들을 고려하지 않지요. 오히려 다른 사람들이 다친다 해도 어떤 수단이라도 사용할 것입니다. 그것이 놀이가 아니라 심각한 일이기 때문입니다. 우리의 길에 방해되는 사람은 모두 없애버려야 하고, 길 밖으로 내던져야 합니다. 일을 할 때 우리는 폭력적이 됩니다.

그러면, 군자가 마다하는 전문적인 지식인이나 기술자는 소인배들이나 추구하는 속된 부류들이란 말인가요?

이는 오해 없이 잘 이해되어야 할 것입니다. 모든 사람이 전문가가 되어서는 안 된다는 뜻이 결코 아닙니다. 세상에는 배관공이 필요하고, 전기 기술자와 자동차 정비사도 필요하고, 구두를 만드는 사람도 고칠 줄 아는 사람도 필요하며, 그 외에도 여러 분야의 다양한 기술자가 필요합니다. 아무리 부자일지라도 이들 없이는 살 수 없습니다.

이 사람들은 비천한 일꾼으로서가 아니라 그 공동체의 구성원들로서 더불어 존재하는 것입니다. 모든 사람이 무엇이든 자신들이 최고로 잘 할 수 있는 것들을 하면서 공동체를 풍요롭게 만들 것입니다. 이 세상에는, 아무리 가난할지라도, 기여할 것이 아무것도 없는 사람은 단 한 사람도 없습니다. 그리고 그 사람들을 인간답게 살 수 있는 수준으로 끌어올리는 것이 그 공동체의 도리입니다.

직업은 경제 활동일 뿐이며, 참 나는 신의 창조물이다. 모든 인간은 존엄성을 가집니다. 그의 직업이 무엇인가는 문제가 아니지요. 그가 배관공이든 의사든 관계없습니다. 그것은 단지 직업일 뿐이니까요. 직업에 따라 인간의 존엄성이 차이가 나는 것은 아닙니다.

우리는 "당신은 누구입니까?"라는 질문에 "의사입니다. 엔지니어입니다. 사업가입니다."라고 대답합니다. 하지만 이것들은 존재와 아무런 관련이 없습니다. 이것은 직업에 관한 것이지 우리 자신에 관한 것이 아니니까요. 우리가 경제 활동을 어떻게 하고 있는지를 보여 주는 것이지, 우리의 삶 자체를 말해 주는 것은 아니란 말입니다.

우리가 의사로 돈을 벌든 배관공으로 돈을 벌든, 이것은 나 자신과는 아무 상관이 없습니다. 우리 모두의 참 나는 신비의 안개 속에 깊이 감추어져 있습니다. 참 나self는 자아ego가 아닙니다. 자아를 넘어선 어떤 것입니다.

자아는 우리의 창작물입니다. 우리가 태어나면서 가지고 나온 '참

나'는 우리 스스로가 만든 것이 아닙니다. 가짜 나는 만들 수 있지만 진짜 나는 만들 수 없습니다. 참 나를 만들려면 먼저 참 나 이전에 내가 존재했어야 하겠지요. 기독교에서 인간은 피조물이라고 하는 것도 인간이 스스로 자신을 만들 수 없다는 뜻입니다.

창조주는 미지의 어딘가에 숨어 있습니다. 우리는 알 수 없는 신비의 근원에서 나왔습니다. 참 나는 신의 창조물입니다. 직업에 관계없이 모든 사람은 신성한 존재로 존중되어야 할 것입니다. 이것이 인간 존엄성의 뿌리입니다. 사람들이 인간과 직업을 동일시하는 것은 지극히 피상적인 생각이라 아니할 수 없지요.

인생과 직업을 혼동하지 말라. 지혜로운 이들이 우려하고 결코 가치 있는 것으로 받아들일 수 없는 것은 정신적으로나 육체적으로 전문직에 종사하는 사람들 자체가 아니라 그들이 으레 취하는 삶의 행태임에 유의할 필요가 있습니다.

우선, 그들은 자타가 그들의 인생과 직업을 혼동할 정도로 모든 시간과 관심사가 일에만 얽매어 있는 데서 벗어나, 직업은 인생의 한 부분이어야 함을 자각해야 합니다. 어떤 일이 삶 전체가 되어서는 안 됩니다.

학자는 대부분 24시간 학자로 삽니다. 그는 언제나 학문에 대하여 생각하고 그것에 관하여 말합니다. 식사할 때조차도 그는 학자며 산책을 하는 동안에도 그는 학자입니다. 참으로 어리석은 짓이며 병적인 현상입니다. 그리고 이것이 바로 동일시를 일으키는 한 중요한 원인이 되기도 합니다.

많은 사람들이 유희는 모르고 오직 일만 생각하며 살고 있습니다. 그들은 삶을 완전히 일로 채우고 있습니다. 삶은 쓸모없는 것과 쓸모 있는 것의 균형으로 이루어집니다. 그런데 이들은 쓸모없는 것을 모두 거부합니다.

이제 유용한 것만이 거기에 있고 이로 인해 많은 부담을 받고 있습니다. 그들은 해야 할 일들이 너무나 많아서 삶을 살 시간이 없습니다. 이런 삶은 결코 행복한 삶이 될 수 없지요. 지혜로운 이들이 어찌 이런 삶을 살기를 원하겠습니까?

전문적인 지식인이나 기술자들은 로봇처럼 일만 합니다. 의식의 각성과 성장 가능성 같은 것에 대해서는 아예 생각조차 하지 않습니다. 사람은 태어나면서부터 각성된 의식을 갖고 있는 게 아닙니다. 탄생은 우리에게 생명을 줍니다. 그 생명 에너지를 의식의 각성에 어떻게 이용하느냐는 우리에게 달렸습니다.

각성된 의식은 정확히 꽃과 같습니다. 내면의 꽃을 피우지 못하는 한, 결코 삶에 만족할 수 없을 것입니다. 우리의 씨앗은 그저 씨앗으로 남아 있기 때문이지요. 그 씨앗은 수천 송이의 꽃을 가두고 있는 감옥이 되었습니다. 감옥은 파괴되어야 합니다. 씨앗은 그 안에 숨어 있는 꽃이 실제로 피어날 수 있도록 대지 속에서 사라져야 합니다. 깨달은 사람은 자신의 내면의 꽃밭을 가꾸는 정원사입니다.

실리적인 마음이 마음의 전체라고 생각하지 마십시오. 마음 전체가 그것 때문에 희생되는 일이 있어서는 안 됩니다. 실리적인 마음을 목적으로 삼아서는 안 됩니다. 그것은 어디까지나 하나의 수단이지요. 실리적인 것이 목적이 되면 그것은 하인이 주인 역할을 하는 셈이 됩니다.

목적은 항상 참 나의 잠재적 가능성의 개화로 귀착됩니다. 그때 비로소 생의 희열 혹은 법열을 느낍니다. 이것이 자신의 생에 새로운 차원을 부가하는 것이지요. 그 차원이란 축제 기분이라는 차원, 놀이라는 차원입니다. 그러나 지금 우리는 놀고 있을 때도 정말로 놀고 있지 않습니다. 승부에서 이기기 위하여 하고 있을 뿐입니다. 그렇게 되면 놀이는 일이 되고 맙니다. 비즈니스에서는 결과가 중요하고 축제에서는 과정이 중요합니다.

한 걸음 더 나아가 전문지식이나 기술이 생활의 중심이 아닌 주변에 머물게 하는 것이 좋습니다. 가령 과학자라면 실험실에 들어가서는 과학자가 되고 실험실 밖에서는 과학에 대한 모든 것을 잊어야 합니다.

그리하여 들판에 핀 아름다운 꽃을 보되 과학적인 눈으로 바라보지 않습니다. 한 송이 장미꽃을 과학적인 눈으로 들여다보는 순간 꽃은 완전히 다른 물체가 되고 말지요. 똑같은 장미지만 시인의 눈으로 볼 때와는 전혀 다른 물체로 변합니다.

경험은 사물에 따라 달라지는 것이 아니고, 무엇을 경험하느냐 하는 것은 어떤 사람의 입장에 서서 어떤 마음으로 느끼느냐에 달려 있습니다. 한 송이 꽃을 볼 때는 꽃 자체가 되십시오. 꽃 주위를 돌면서 춤추며 노래하십시오.

한 줄기 시원한 바람이 상쾌하게 불어오고 햇살은 따스하기 그지없고, 저기 꽃떨기는 절정의 아름다움을 과시하고 있습니다. 꽃은 바람결에 춤을 춥니다. 기뻐하며 즐겁게 노래 부릅니다. 우리도 여기에 동참해야 합니다.

이때 냉담한 마음과 객관적인 판단은 방해가 됩니다. 딱딱하게 굳은 마음을 서서히 부드럽게 녹여 어디에든 스며들도록 해야 합니다. 꽃이 우리 가슴에 이야기하도록 하고, 꽃을 내 가슴의 손님으로 초대할 줄 알아야 합니다. 그럴 때만이 신비가 어떤 것인지 알고 그 감미로움을 맛볼 것입니다.

아브라함 링컨의 일화 끝으로 아름다운 이야기 하나를 덧붙임으로써 이해를 돕고자 합니다. 아브라함 링컨의 일화는 너무나 멋집니다. 그것은 대통령으로서 상원에서 한 그의 첫 번째 연설이었습니다.

아시다시피 그는 가난한 집안의 아들이었지요. 아버지는 구두 만드는 기술자였습니다. 보잘 것 없는 기술자의 아들이 대통령이 되었다는 사실에 대해 사람들은 아주 불쾌하고 신경이 거슬렸습니다. 의회에는 긴장감이 감돌고 있었습니다.

그가 일어서자, 의원 한 사람이 따라 일어서며 말했습니다. "대통령 각하, 말씀하시기 전에, 각하께서는 각하의 아버지가 저의 가족을 위해 신발을 만드셨다는 사실을 기억해 주시기 바랍니다. 바로 지금 저는 각하의 아버지께서 만든 신발을 신고 있습니다. 이 사실을 잊지 마십시오. 대통령이 된다는 것만으로는 별 의미가 없습니다. 각하는 여전히 구두공의 아들이라는 사실을 잊지 마십시오."

장내는 물을 끼얹은 듯 조용해졌습니다. 모든 의원들은 링컨이 당혹스러워할 것이라고 생각했습니다. 그러나 곤혹스러워하기는커녕, 그는 오히려 상원 전체를 곤혹스럽게 만들었습니다. 그가 말했습니다. "그거 참 좋은 일이군요. 저는 당신이 저에게 저의 아버지를 생각하게 해준 데 대해 깊이 감사합니다."

이윽고 그의 눈에는 눈물이 고였습니다. 이어서 그가 말했습니다. "어떻게 제가 그분을 잊겠습니까? 저는 그분이 완벽한 구두 기술자였다는 것을 압니다. 그리고 저는 결코 그분처럼 완벽한 대통령이 될 수 없다는 것도 잘 압니다. 저는 그 노인을 이길 수 없습니다.

여러분 가운데 많은 분들이 그분의 신발을 신고 계실 것입니다. 만약 그 신발이 여러분에게 잘 맞지 않아 불편함을 느끼신다면, 걱정하지 마십시오. 비록 저의 아버지는 돌아가셨지만, 그분은 제가 여러분들의 신발을 수선할 수 있을 정도의 기술은 배우도록 하셨습니다. 제가 그분을 대신할 수는 없습니다. 그분은 완벽한 스승이셨습니다.

저는 단지 풋내기에 불과합니다. 그러나 저는 여러분의 신발을 수선할 수는 있습니다. 그리고 저는 적어도 그분이 구두 기술자였던 것만큼 훌륭한 대통령이 되기 위해 잊지 않고 항상 노력할 것입니다."

5

용기는 가장 위대한 정신적 자산이다

子曰 見義不爲 無勇也
자 왈 견 의 불 위 무 용 야

공자가 말하였다. "옳은 일을 보고도 행하지 않는 것은 용기가 없는 것이다."

주해

見 보다 | **義** 옳은 일 | **不爲** 하지 아니하다 | **無勇** 용기가 없다 | **也** 문장을 끝마칠 때 쓰는 형식적인 말

성경, 불경 등 세상에 많은 경전들이 전하는 것은 참으로 뜻있는 일입니다. 우리는 이를 가까이 두고 틈틈이 읽으면서 거듭 구구절절 진리의 말씀들임을 깨닫곤 하지요. 그러나 이를 지식으로만 이해할 뿐, 의식 속에서 실행하지 않는다면, 그것은 전부 머릿속에만 머물러 있고, 결코 살아있는 체험이 되지 못할 것입니다.

그리고 그것이 살아있는 체험이 되지 않는 한, 그것은 가치 없는 지식의 잡동사니일 뿐입니다. 또 다시 우리는 지식을 모으기 시작하며 똑같은 함정에, 소유의 차원에 빠지고 말 것입니다. 많은 지식을 쌓을 수 있게 된 것은 현대인의 커다란 불행 중의 하나입니다. 이런 비극은 전에 없던 것입니다.

진리는 언제나 가까이 있습니다. 그런데 사람들이 그 메시지를 듣지 못하고 귀머거리가 되어 있거나, 그것을 듣기는 하지만 알아듣지는 못하지요. 어떤 때는 알아듣기도 하지만 완전히 이해하지는 못합니다. 때론 완전히 이해하게 되는 순간도 있긴 하지만, 그것을 삶으로 실행시키지는 못합니다. 진리는 실존하지 못하고, 항상 마음속에 한 줄기 향기로 남아 있다가 사라져 버립니다.

예수나 부처 같은 이들의 가르침을 접할 때는 지적인 사람이 되려고 해서는 안 됩니다. 그들은 철학을 가르치고 있는 것도 아니고 어떤 교리를 설파하고 있는 것도 아닙니다. 인생을 가르치고 있는 중이지요.

인생은 머리가 아니라 오로지 가슴으로만 받을 수 있습니다. 머리는 순전히 돌밭이라서 거기엔 씨앗이 자랄 흙이 없습니다. 우리는 자신이 이해하는 것을 즐거워할지도 모르지만, 그 이해는 오래가지 못하고 얼마 안가 사라져버릴 것입니다.

자기한테 편리하고 편안할 때는 이성은 말씀을 실천할 수가 있지만, 문제가 일어나면 이성은 당장에 그 말씀을 내던지고 배반합니다. 오직 가슴만이 고통과 어려움이 있을 때도 말씀을 지켜나갈 용기가 있습니다. 설령 죽음이 앞을 가로막는다 해도 가슴은 말씀을 저버리지 않습니다. 오로지 그때만 씨앗은 뿌리를 내릴 수가 있습니다.

용기는 가장 위대한 정신적 자산입니다. 그 밖의 것은 모두 이차적입니다. 용감하지 않다면 우리는 진실해질 수도 없고, 진실로 사랑할 수도 없습니다. 또 용감하지 않다면 신뢰심을 가질 수도 없고, 진리를 탐구할 수도 없습니다. 그러므로 용기가 첫째이고, 다른 것은 모두 그 뒤를 따라옵니다.

두려움이 없을 때 사랑이 생겨나고, 궁극의 진리를 탐구해 들어갈 수 있습니다. 그것은 긴 항해입니다. 미지의 세계 속으로 항해를 떠나는 것이지요. 용기가 없는 자는 이 해안에서 보이지 않는 다른 쪽 해안으로 들어갈 수 없습니다.

> 옳은 줄 알면서도 하지 못하는 것과 마찬가지로, 옳지 않은 줄 알면서도 끊지 못하고 계속 하는 것도 용기가 없기 때문일 것입니다.
> 한 예로, 요즘 많은 사람들이 TV를 보는 데 시간을 너무 많이 낭비하는 것이 문제인 줄 알면서도 이를 극복하지 못하고 있습니다. 결국 이것도 용기가 부족한 것 아닐까요.

TV를 보는 것이 해롭다고 생각하고 이를 없애버리는 것은 어리석은 것입니다. 사람들은 TV를 바보상자라고 부르지요. 옳은 말입니다. 오직 바보만이 그 앞에 오래 앉아 있곤 합니다. 그러나 TV 자체는 그 앞에 앉아 있는 사람만큼은 바보가 아닙니다. 우리가 계속 보고 있는 것은 무엇입니까?

항상 똑같은 살인자, 똑같은 폭력과 성추행 사건들, 그리고 진부한 스토리들, 구태의연한 삼각 관계들, 두 여자와 한 남자, 혹은 두 남자와 한 여자 사이에 얽힌 이야기들, 이 얼마나 어리석은 내용들입니까? 비슷한 스토리를 계속 되풀이해서 써내는 사람들이 있고, 그것들을 계속해서 보고 있는 바보들이 있습니다.

자신의 마음 지켜보기 TV를 지켜보기보다는 우리 자신의 마음을 지켜보는 것이 훨씬 더 흥미롭습니다. 우리 마음은 한층 더 광적이고 한층 더 창의력이 풍부합니다. 우리가 계속해서 잘 지켜보기만 한다면 아마도 놀라움을 금치 못할 것입니다.

어떠한 심리학자가 발견한 것보다도 더 많은 성교 체위를 발견하게 될 것이고, 온갖 종류의 폭력을 휘두르고 온갖 살인을 자행하고, 자살을 하기도 하고, 온갖 사건이 발생하기도 할 것입니다. 오직 계속 지켜보고 있어 보십시오. 우리는 어떤 대가도 치를 필요가 없을 것입니다.

그때 서서히 이 모든 장면이 사라지기 시작합니다. 우리가 좀 더 깨어 있을 때 그것이 사라지기 시작합니다. 좀 더 의식적이 될 때 우리는 거기에서 풀려납니다. 어느 날 가장 놀라운 기적이 삶 속에서 일어납니다.

마음이 깨끗이 사라지고 거대한 허공이 나타납니다. 지켜볼 것이 아무 것도 없습니다. 우리는 절대 고독 속에 남겨집니다. 그것이 명상입니다. 그리고 그 고독으로부터 수천 송이의 지복의 꽃들, 아름다움과 진리의 꽃들, 신성의 꽃들이 피어날 것입니다. 그때 우리는 방황을 끝내고 집에 돌아올 것입니다.

확실함보다는 명료함이 TV를 보아야 할지 보지 말아야 할지, 본다면 얼마나 보아야 하며 무엇을 보아야 할지 혼란스러워 할 것입니다. 무엇이 옳고 무엇이 그른지 혼란스럽습니다. 그러나 다소간 지성을 갖춘 자만이 혼란, 혼돈을 느낍니다. 이 혼란은 굉장한 기회입니다. 만일 우리가 정말로 혼란스럽다면, 우리는 축복 받은 것입니다. 이제 무언가가 가능합니다. 무언가 대단히 가치 있는 것이.

만일 우리가 진정 혼란스럽다면, 그것은 마음이 실패했다는 것을 의미합니다. 이제 마음은 더 이상 확실성을 제공하지 않습니다. 우리는 마음의 죽음에 점점 더 가까이 다가가고 있습니다. 우리 마음이 혼란스럽고, 마음을 통해 나아갈 길이 없다는 것을 인식하기만 한다면, 얼마나 오래 마음에 매달릴 수 있겠습니까? 곧 우리는 그것을 떨쳐버려야 할 것입니다. 마음이 떨어져 나갈 때 혼란은 사라집니다.

그러나 확실성을 얻을 수 있다고 말할 수는 없습니다. 그것은 마음과 마음의 세계에서만 어울리는 단어이기 때문입니다. 확실성은 관념에서 나온 것입니다. 확실성은 우리의 혼란을 수습하는 것 외에 아무것도 아닙니다. 그래서 혼란이 있을 때 확실성이 있고, 혼란이 사라질 때 확실성도 사라집니다.

우리는 오직 명료합니다. 혼란스럽지도 확실하지도 않습니다. 그저 명료하고 투명합니다. 투명함은 아름다움을 가지고 있습니다. 우리가 깨어 있고 명료하고 더 이상 미숙한 마음이 존재하지 않을 때, 마침내 우리가 하는 것은 무엇이든 시가 될 것입니다. 그것은 향기가 될 것입니다.

우리가 지혜로워진다는 것은 우리 의식이 투명해진다는 것입니다. 깨달은 자는 다름 아닌 투명성에서 멀리 간 사람입니다. 그는 투명할 뿐만 아니라 투명성 자체입니다. 그에게서 투명성을 빼앗는 것은 불가능합니다. 그는 온전히 투명합니다.

모든 잡초가 제거되고 장미만이 남았습니다. 그의 하늘은 구름 한 점 없이 청명합니다. 이런 사람은 결코 TV 같은 것 때문에 고민하지 않습니다. 그는 무엇이든 투명한 시선으로 자연스럽게 볼 것만 보고 볼 만큼만 볼 것입니다.

> 사람들은 끝없이 재물을 추구합니다. 그러나 현명한 사람은 큰 재물 없이도 아주 만족한 삶을 살며, 성인들은 우리가 불필요한 욕망들로 인해 평생을 낭비하고 파산 상태로 죽을 것이라고 경고합니다.
> 현명한 사람의 지혜가 부럽고 성인들의 경고가 옳은 줄 알면서도, 그렇게 살 용기와 지혜가 없는 것이 안타깝습니다.

많은 것들을 소유함으로써 부자가 될 수는 있지만, 실상 그 부유함은 가짜지요. 그것은 단지 인간을 속이는 것일 뿐입니다. 우리는 빈손으로 이 세상에 태어났고 빈손으로 떠나야 합니다. 누구나 모든 재산을 뒤에 남겨 두고 떠나야 합니다.

그것을 모으기 위해 삶을 모두 바치겠지만 실상 얻는 것은 아무것도 없습니다. 오히려 진정으로 풍요로워질 수 있는 엄청난 기회들을 모두 상실하게 됩니다. 바깥에 있는 것은 그 안에 풍부함이 없으면 무의미한 것이 되고 말지요. 그리고 바깥에 있는 부는 안에 있는 빈곤을 강조할 뿐이지요.

내면적 가치가 가장 위대한 부라는 것을 깨달아야 진정한 부는 내적인 것입니다. 그것은 재물을 소유하는 것과는 아무 상관이 없습니다. 그러나 이것이 재물을 반대하는 것을 의미하지는 않습니다. 그 것을 사용하고 즐기십시오. 그것은 그 나름대로 유용합니다.

그러나 그것이 전부는 아니고 매우 피상적인 세계에 불과한 것임을 기억해야 합니다. 진정한 보물은 우리 내면에 있습니다. 세상의 정글에서 헤매지 마십시오. 그렇지 않으면 우리는 여전히 가난하게 살다가 가난하게 죽을 것입니다.

신은 우리에게 육체를 주었습니다. 그것은 우리가 물질주의자가 되어야 함을 의미합니다. 동시에 신은 사람에게 영혼을 주었습니다. 우리가 정신주의자가 되어야 한다는 의무를 준 것이지요. 우리는 이 둘의 만남이 되어야 합니다.

육체와 영혼, 정신과 물질이 어떤 리듬 속에서 균형을 이루어야 합니다. 그렇게 될 때, 우리는 가장 위대한 음악에 도달하게 될 것입니다. 그리고 이런 음악은 정신주의가 주조를 이루고 물질주의가 보조적 장식음이 되어야 합니다.

그런데 현대문명은 물질주의 중심으로 진보해왔습니다. 우리가 물질주의만 따르면 죽음으로 향할 뿐입니다. 물질은 죽어있기 때문입니다. 만일 영적인 요구를 받쳐주기만 한다면 물질주의에 반대할 이유가 없습니다.

물질주의가 주인의 역할이 아니라 하인의 역할을 맡는다면 잘못된 것은 없습니다. 그러면 인간의 의식이 깨어 있게 도울 수 있을 것입니다. 지금 삶의 새로운 방식이 절실하게 필요하다는 것을 이해하지 못한다면, 온갖 기괴한 현상이 우리들의 주위에서 계속될 것입니다.

우리는 내면적 가치가 가장 위대한 부라는 것을 깨달아야 합니다. 왜냐하면 그것은 우리로 하여금 우리가 소유한 무한한 보물을 알아보게 해주기 때문입니다. 그것은 우리가 예수가 말한 신의 왕국의 주인임을 깨닫게 해줍니다. 그 왕국의 유일한 열쇠는 의식의 성숙을 통하여, 명상을 통하여 발견됩니다.

야망을 줄이고 의식과 지성을 키워야　명상과 관련해서는 붓다를 떠올려보는 것이 좋습니다. 그의 명상은 사자의 포효와 같습니다. 그것은 폭발이기 때문입니다. 그것은 원자폭탄보다 훨씬 더 거대하고 훨씬 더 깊은 의식의 폭발입니다.

이 두 가지 폭발은 서로 다릅니다. 원자폭탄은 파괴적이지만, 명상을 통하여 의식 속에서 일어나는 폭발은 창조적입니다. 자신의 존재에 대한 심히 깊은 체험을 하는 순간, 두려움이 없어집니다.

이제는 그 어떤 것도 그를 노예로 만들 수 없습니다. 그를 죽일 수는 있지만 그를 노예로 만들지는 못합니다. 그의 영혼을 죽이지는 못합니다. 그의 육체는 감옥에 가둘 수 있지만, 그는 가둘 수 없습니다. 이제 그는 자유를 압니다. 누구도 그 자유를 빼앗아 가지 못한다는 것을 압니다. 그것은 엄청난 용기를 불러일으킵니다. 그는 세상의 어떤 것과도 당당히 싸울 수 있습니다.

사람들은 재물을 이루는 경쟁에서 뒤지지 않을까 두려워합니다. 두려움 때문에 의심합니다. 자신의 지성에 대한 확신이 없을 때 두려움이 생깁니다. 신뢰를 갖기 위해서는 지성과 용기가 있어야 합니다. 신뢰의 길로 들어설 충분한 지성을 갖추지 못했다면, 우리는 자신을 보호하기 위하여 의심이란 울타리를 칠 것입니다. 의심이 가득하면 항상 경계를 놓지 않습니다.

그러나 지성으로 충만할 때는 항상 내면의 문을 활짝 열어 놓습니다. 무슨 일이 일어나도 적절하게 대응할 자신이 있고 모험을 감수할 능력이 있다는 확고한 믿음은 지성에서 생깁니다. 그러나 외부 세계에서 승리하려는 생각에 차있는 자는 이런 신뢰를 갖지 못합니다. 이런 자에게는 야망만 있을 뿐 의식과 지성은 없습니다.

어떤 의구심도 품지 않고 인생을 주목하는 이, 겁내지 않고 삶 속으로 당당히 뛰어드는 이가 성숙한 의식과 지성의 소유자라 할 수 있습니다. 이들은 인생을, 풀어야 할 문제로 보지 않고, 살고 도전하고 경험해야 하는 하나의 신비로 받아들입니다.

사람들은 대부분 매우 불안한 삶을 삽니다. 거의 내키지 않는 삶을 살고 있지요. 뜨뜻미지근한 태도로 살아갑니다. 이것도 아니고 저것도 아니고, 차갑지도 않고 뜨겁지도 않고, 열정이 없습니다. 삶이 지루해지는 까닭이 바로 그것입니다. 삶이 평범해지는 이유가 바로 이것입니다.

우리가 전체적으로 살 때, 강렬하고 열정적이 될 때, 모험을 할 때, 삶은 새로운 모습으로 변합니다. 그때 참으로 위대한 지혜가 우리 속에서 떠오릅니다. 모험을 할 때 우리는 날카로운 칼이 됩니다.

그러나 결코 모험을 하지 않는 사람의 칼에는 보얗게 먼지만 앉습니다. 그들의 거울은 먼지로 뒤덮입니다. 칼은 녹이 슬고 거울은 먼지에 뒤덮여 쓸모가 없어집니다. 수많은 영혼 안에서 이런 일이 일어나고 있습니다.

지금 우리의 외형적 삶은 날로 편리하고 풍족해지고 있으나 내면에서는 아무런 희열도 느끼지 못하고, 아무것도 꽃피우지 못한 채 무의미하게 나날을 보내고 있습니다.

뜻 있는 사람들은 이를 극복하고 인간의 영광과 위엄을 되찾을 수 있는 방도를 모색할 필요를 절실히 느끼면서도 막상 그럴 용기를 내지 못하고 있습니다.

우리는 하나의 씨앗으로 존재할 뿐 아직 나무가 아닙니다. 가능성을 가지고 있는 것과 실현된 것의 차이는 엄청난 것입니다. 우리는 이런 사실을 깨닫지 못한 채, 기계처럼 일만 하고 세상에서 성공하기 위해 경쟁하느라 잠시도 편히 쉬지 못합니다.

오늘의 인간은 단지 하나의 기계일 뿐입니다. 이 같은 삶을 인간다운 삶이라고 믿는 것은 자살 행위와 같지요. 병에 걸렸으면서도 자신이 건강하다고 믿는다면, 이는 위험한 일입니다. 의사에게 가거나 약을 복용할 필요를 못 느끼니까요.

인간이 기계라는 말은 무슨 뜻인가요? 인간은 죽은 구조물 속에서 살고 있습니다. 습관적으로 상투적인 삶을 살고 있습니다. 줄곧 틀에 박힌 삶을, 똑같은 원 속에서 돌고 또 돌고 있습니다. 똑같은 일들을 날마다 반복하고 있습니다.

끊임없이 무엇인가를 바라고 성내고 갈망하고 야망을 품고 감각적이고 성적이 되고 좌절하고 다시 희망하고…, 끊임없이 똑같은 원을 돌고 또 돕니다. 이런 인간은 아직 영혼이 없습니다. 의식적인 존재가 아니지요.

바위와 사람의 차이점은 무엇입니까? 동물과 사람의 차이점은 무엇입니까? 의식의 차이입니다. 우리는 얼마나 의식을 가지고 있습니까? 그저 이따금 아주 드물게 의식적이 되곤 하지요. 단지 몇 초 동안 의식적이다가 다시 무의식으로 떨어집니다. 가끔은 그 잠재력으로 인해 의식적이 됩니다.

어느 날 태양이 떠오를 때 우리는 존재와 조율됩니다. 문득 그것의 아름다움, 축복, 향기, 빛을 경험하게 됩니다. 그러나 얼마 안 있다가 그 상태는 이미 지나가버리고 기억만이 남겨집니다. 때로는 사랑 속에서, 때로는 고요한 산사에서, 어떤 때는 음악을 들으면서 그런 것을 잠시 경험할 때가 있긴 합니다.

하지만 이러한 순간은 아주 드물게 옵니다. 평범한 사람이라면 일생을 통해 일곱 번만 깨어 있어도 너무 많을 것이라고 합니다. 드물게 한 줄기의 광선이 들어왔다가는 곧 사라져버리고, 다시 하찮고 우둔하고 정체된 생활로 돌아가곤 하지요.

내 인생은 나 자신이 책임져야 새로운 존재로 태어나기 위해서는 기계와 같은 생활에서 벗어나야 합니다. 우리의 에고는 기계와 같습니다. 에고를 이용하되 에고에 이용당해서는 안 됩니다. 진짜 살아 있는 존재가 되기 위해서는 에고를 극복해야 합니다. 에고가 죽으면 우리의 본래 존재가 새롭게 태어납니다.

인생의 본질이 무엇인가 하는 데 대한 참 이해가 없으면 불행의 틀에서 벗어나기 힘듭니다. 첫 번째로 이해해야 할 것은 그 어느 누구도 우리를 불행하게 만들지 않는다는 것입니다. 불행의 감옥에 남아 있기를 결심한 사람은 다름 아닌 우리 자신입니다.

그 감옥에서 나오기를 결심하기만 하면 지금 즉시 거기서 벗어날 수 있습니다. 그런데 모든 책임이 자신에게 있다고 시인하는 사람은 없습니다. 불행에 빠진 사람은 책임을 지려 하지 않습니다. 이것이 계속 불행을 만드는 원인입니다.

만일 누군가가 우리를 불행으로 몰았다면 그때 우리가 할 수 있는 일은 아무것도 없습니다. 그러나 우리를 불행하게 만든 것은 우리 자신이기에 우리가 할 수 있는 일이 있습니다. 불행한가 불행하지 않은가는 전적으로 우리 마음 가짐에 달려 있습니다.

그런데 모든 사람은 책임을 남에게 전가합니다. 부인에게 남편에게 가족에게 여건에 유년시절에 어머니에게 돌립니다. 때로는 가족,

역사, 운명, 신을 탓하기도 합니다. 항상 남을 탓하지요. 책임을 돌리는 대상은 다르지만 그 속내는 다 똑같습니다.

우리가 진정 거듭나기 위해서는 모든 책임을 자신이 질 수 있어야 합니다. 현재 우리의 모습이 어떠하든 책임을 져야 합니다. 이것이 가장 우선되는 용기요, 가장 큰 용기입니다. 외부의 힘은 물론이거니와 어느 누구도 우리를 어찌하지 않았습니다. 내가, 오직 나만이 했을 뿐입니다.

업業이라는 것이 바로 이런 의미입니다. 업은 우리의 행위입니다. 행위를 한 것도 나며 주워 담는 것도 나입니다. 그러므로 기다리거나 연기할 이유가 없습니다. 지금 당장 잠에서 깨어나면 불행에서 뛰쳐나올 수 있습니다.

그러나 우리는 불행에 길들여져 있어서 오히려 불행하지 않으면 외롭다고 느낍니다. 불행은 우리의 가장 친한 동반자입니다. 마치 그림자처럼 어디든 우리를 따라다닙니다. 불행이 우리의 배우자입니다. 그러나 이제는 불행과 이혼을 선언할 때가 왔습니다. 이것이 진정한 용기입니다.

잠에서 깨어나야 우리가 깨어나면 내가 이토록 아름다운 세상에 살고 있다는 사실에 놀랄 것입니다. 하지만 잠들어 있다면 어떻게 아름다움을 알 수 있습니까? 우리는 온 누리에 쏟아지는 그 눈부신 광휘를 느끼지 못하고 있습니다. 생명의 영광과 삶의 축복을 자각하지 못하고 있습니다.

이렇게 깊은 잠에 빠져있는데 어떻게 그것을 느낄 수 있겠습니까? 우리는 너무 깊이 잠들어 전 존재가 계속 축제를 벌이는 걸 까맣게 잊고 있습니다.

존재계는 참으로 신비합니다. 이보다 더한 신비와 기적, 더 빛나는 광휘와 아름다움을 상상할 수 없습니다. 그것은 인간이 상상할 수 있는 최고의 것입니다. 그러나 우리는 그것을 놓치고 있습니다. 그것은 정원에 잠들어 있는 사람이 장미가 피어나는 것을 못보고 새소리를 듣지 못하고 날개 짓 하는 새를 보지 못하고 해와 달과 별들을 보지 못하는 것과 같습니다.

푹 잠들어 있으니까요. 장미 향기가 코를 스치지만 알지 못하고, 젖은 대지의 풋풋한 향기가 스며들어도 깨닫지 못하고, 아침 햇살 속에 이슬방울이 진주처럼 빛나지만 전혀 알아채지 못하고 깊은 잠에 빠져 있습니다. 이것이 지금 우리가 처해 있는 상황입니다.

깨달은이들의 말을 들으면 처음부터 끝까지 마음에 와 닿습니다. 마음으로는 구구절절이 그 말씀들을 따르고 싶은데 실제로는 전혀 실행에 옮기지 못합니다. 참담한 심정입니다.

마음이 그 말을 따르고 싶을지 모르지만 마음은 무능합니다. 마음은 아주 작은 부분에 지나지 않거든요. 마음에는 어떤 의지도 없습니다. 꿈꾸고, 생각하고, 계획을 세우는 데는 능숙하지만 의지력이 없습니다. 그래서 행동으로 옮기지 못하는 것이지요. 행동에 관한 한 마음은 비겁하기 짝이 없어요.

생각을 할 때 마음은 용감합니다. 그러나 행동으로 옮기려 할 때는 너무나 무능하고 비겁합니다. 옳은 말을 들으면서 머릿속으로 생각을 굴릴 때 마음은 '그렇다! 너무나 옳은 말이다. 바로 이것이 내가 원했던 것이다.'라고 말하겠지만 결코 그것을 행동으로 실천하지는 못합니다.

그러므로 어떤 가치 있는 말을 들을 때는 마음으로 듣지 말고, 존재 전체로 들어야 합니다. 온몸의 세포 하나하나가 그 말에 귀를 기울이게 해야 합니다. 그래야만 그 말을 실천에 옮기게 될 것입니다. 그렇지 않으면 갈등에 휩싸이고 맙니다. 생각은 그렇지 않은데 정반대의 행동을 계속하게 되니까요. 그 다음에는 후회하고 죄책감을 느끼게 되고, 그럴 바에는 차라리 그 말을 듣지 않는 것이 낫습니다.

우리의 존재 전체로 그 말에 귀를 기울이는 것이 핵심입니다. 우리의 피, 심장, 뼈, 근육, 내장 이 모두가 그 말에 귀를 기울이도록 해야 합니다. 존재 전체를 동원해야 합니다. 그래야만 그 말을 실행에 옮길 수 있을 것입니다. 아니, 실행에 옮길 수 있을 것이라는 말은 맞지 않습니다.

불가항력으로 실행에 옮기게 될 것입니다. 존재 전체로 그 말을 들었다면 우리는 이미 그것을 실천하기 시작한 것입니다. 따로 노력할 필요도 없이 그 말은 혈관 속으로 들어가 우리의 일부가 되었으니까요. 그러므로 그것을 실천하는 것 말고는 다른 방도가 없습니다.

말을 올바르게 들으라는 말은 머리로 듣지 말라는 뜻입니다. 머리가 원흉입니다. 머리는 자기에게 편한 대로 듣는 법을 개발해 놓고 있습니다. 머리는 지금 이 자리에서 일어나고 있는 일을 우리의 존재 전체가 자각하도록 허용하지 않습니다.

그것은 문 뒤에 숨어서 작은 열쇠구멍으로 들여다보는 것과 같습니다. 우리는 계속해서 그 말을 긁어모을 뿐 그것을 먹고 마시지는 않습니다. 소화시키지는 못하는 것이지요.

그렇지 않았다면 그 말을 어떻게 실천에 옮기느냐 하는 문제는 떠올리지 않았을 것입니다. 우리는 그 말에 대해 그저 머리를 굴리며 생각만 하고 있습니다. 그 말을 해석하고 우리 자신의 이론으로 정립

합니다. 설명을 붙이고 주석을 답니다. 그 모든 것을 머릿속에 우겨넣은 다음에 결정을 내리려고 합니다.

그러나 머리는 그것을 실행에 옮길 힘이 없습니다. 머리는 우리 안의 집행부가 아닙니다. 머리는 의지박약하고 무능합니다. 생각에는 능숙하지만 결코 그것을 실천에 옮기지 못합니다.

사상가들이 계속해서 생각만 하는 까닭이 여기에 있습니다. 그들의 삶을 관찰해 보면 놀랄 것입니다. 믿을 수 없는 일이 벌어지고 있습니다. 그들은 아주 풍부한 사상을 지닌 데 반해 내적으로는 너무나 빈곤한 삶을 삽니다. 그들은 사소한 일도 결정하지 못하고, 생각은 항상 우유부단한 상태를 벗어나지 못합니다.

말을 존재 전체로 들어라. 좋은 말을 머리로만 들으면 이런 문제가 평생 동안 우리들을 따라다닐 것입니다. 머리로는 '그래, 맞는 말이야.'라고 말하면서 곧 '그런데 어떻게 실행에 옮기지?'라는 문제가 발생합니다. 존재 전체가 그 말을 듣지 않은 것이지요.

우리의 존재는 계속해서 자기만의 길을 갑니다. 존재는 머리에 귀기울이지 않습니다. 머리에 생각할 기회를 주기는 하지만 결정의 순간이 오면 우리의 존재가 직접 결정을 내립니다.

생각은 사치스러운 일입니다. 좋은 말을 듣고 생각을 일으키지 말아야 합니다. 온 존재를 동원하여 그 말을 들어야 하지요. 우리의 심장이 그와 함께 고동친다면 이때는 이런 질문이 필요 없습니다. '어떻게 실천에 옮기는가?' 하는 문제는 결코 떠오르지 않습니다.

그 말을 들음과 동시에 실행에 옮길 것입니다. 아마도 돌연 자신이 그 말을 실행하고 있다는 것을 느낄 것입니다. 만일 무엇인가 가슴에 확연한 진리로 와 닿는다면, 그것이 존재 깊은 곳으로 뚫고 들어간다면, 그 말은 이미 우리 안에서 실행에 옮겨진 것입니다. 그 말을 소화한 것이지요.

가슴 전체로 그 말을 들어야 합니다. 그러지 못할 바에는 그 말을 안 듣는 것이 낫습니다. 그 말을 올바르게 듣는다면 어떻게 실천에 옮기느냐 하는 문제는 떠오르지 않습니다. 올바르게 들은 사람은 이미 그 말을 실천하고 있는 것이니까요. 이것은 너무나 자연스러운 현상입니다.

밖으로 나가기를 원할 때 벽이 아니라 문으로 나가는 것과 같습니다. 우리는 문을 봅니다. 그리고 문을 통해 밖으로 나갑니다. 문이 어디에 있는지 생각하지도 않습니다. 문이 어디에 있느냐고 묻지 않습니다.

이번에는 벽이 아니라 반드시 문을 통해 나갈 것이라고 결심하지 않습니다. '이번에는 어떤 일이 있어도 결심한 대로 하겠다. 어떤 유혹이 밀려와도 이번에는 절대로 벽을 통해 나가지 않을 것이다. 이번에는 기필코 문을 통해 나갈 것이다.' 이렇게 다짐할 필요가 없습니다.

진정한 이해만이 해결책이다. 만약 이런 식으로 결심한다면 우리가 미쳤다는 것을 입증할 뿐입니다. 그리고 우리는 문이 아니라 벽을 통해 나가려고 할 것입니다. 이 벽은 너무나 강한 힘으로 유혹합니다. 우리는 벽에 사로잡힙니다. 이해 자체가 실천을 동반합니다. 따로 실천을 결심할 필요가 없습니다. 이해하는 것만으로 충분합니다. 진실로 그것을 이해했다면 실천의 문제는 떠오르지 않습니다.

그러므로 우리가 실천의 문제에 봉착해 있을 때 더 노력하라고 말하지 않습니다. 모든 노력을 접고 그것을 다시 이해하려고 해야 합니다. 우리는 처음부터 빗나갔습니다. 자동적으로 실천의 꽃을 피워 내는 씨앗을 놓쳐 버렸습니다. 다시 그 말을 잘 들어야 합니다. 이완된 상태에서 그 말을 들어야 합니다. 머리로 들을 때 집중합니다. 거기에 긴장이 있습니다.

모든 것을 방임한 상태에서 그 말을 들어야 합니다. 그래서 그것이 공기처럼 사방에서 에워싸게 해야 합니다. 그것을 우리를 둘러싼 분위기로 만드십시오. 그리고 스펀지처럼 그것을 빨아들입니다. 집중하지 말고 이완한 채로. 그것이 무슨 말이든 그 말에 대해 심각하게 생각할 필요가 없습니다. 그것을 그냥 존재의 일부가 되게 해야 합니다. 그러면 이것은 그것을 추종하는 것이 아니라는 것을 알게 될 것입니다.

이해가 있을 때 우리는 항상 자신을 따릅니다. '어떻게 실천할 것인가?' 하는 갈등이 생기지 않습니다. 이때 우리는 추종자가 아닙니다. 머리는 '이 말을 따르고 행해야 한다.'고 말하는데 아무것도 하지 않고 있음을 발견할 때는, 그것을 실천하려고 애쓸 필요가 없습니다. 다시 그 말을 주의 깊게 듣고, 다시 이해의 순간으로 돌아가서 처음부터 다시 시작해야 합니다.

우리는 마음의 속임수에 넘어가서는 안 됩니다. 마음은 우리를 잘못 인도합니다. 지식으로 언어를 이해하면 '나는 그것을 이해했다.'고 생각합니다. 마음은 '이제 그것을 실천에 옮겨라.' 하고 말합니다. 그런데 우리는 실행하지 못합니다. 그것을 받아들이지 못했기 때문이지요. 그것은 우리 존재의 일부가 되지 못했습니다. 무엇인가 낯설고 겉도니 어떻게 그것을 실행할 수 있겠습니까?

그것은 짐이 되고, 이제 머리는 '너는 죄인이다. 이해를 했으면서도 행동에 옮기지 않으니 너는 죄인이다.'라고 비난합니다. 이럴 때 무엇을 해도 기분이 좋지 않습니다. 우리가 얻었다고 생각하는 이해는 행해질 수 없는 것입니다. 그러므로 기분이 좋지 않고, 이런 식으로 수많은 사람들이 죄의식에 시달립니다.

그런 생각을 버려야 합니다. 그것은 잘못된 생각입니다. 다시 그 말을 들으십시오. 그것을 지적으로 이해할 필요는 없습니다. 그것은 지식이 아니며 어떤 이념을 가르치고 있는 게 아니거든요. 그러니 머리로 그 말을 듣지 마세요. 그것은 잘못된 태도입니다. 지식은 실천으로 옮길 힘이 없습니다.

선禪에서는 배꼽으로 들으라고 말합니다. 이것이 훨씬 나은 방법입니다. 한번 시도해 보십시오. 이것이 머리를 쓰는 것보다 훨씬 낫습니다. 도가에서는 발바닥으로 들으라고 하는데, 이는 배꼽으로 듣는 것보다도 더 나은 방법입니다. 발로 들을 때, 그 말은 발에서부터 머리까지 여행하면서 우리 존재 전체를 관통할 것이기 때문입니다.

배꼽으로 듣는 것도 좋습니다. 적어도 중간 부분에서부터 머리까지는 가닿을 것이니까요. 그러나 전체로써 그 말을 듣는 것이 중요합니다. 발바닥으로 들을 필요도 없고, 배꼽이나 머리로 들을 필요도 없습니다. 우리의 존재 전체로, 온몸으로 들어야 합니다. 누가 칼을 들고 쫓아올 때 우리는 어떤 식으로 도망갑니까? 머리만 갖고 도망갑니까? 발바닥 또는 배꼽만 갖고 도망갑니까?

아니지요. 우리는 존재 전체로 사력을 다해 질주할 것입니다. 머리가 어디에 붙었는지, 발바닥이나 배꼽이 어디에 붙었는지 다 잊어버릴 것입니다. 우리는 통합적인 존재, 그냥 존재 전체로 달려갈 것입니다. 참된 이해는 죄책감이 아니라 놀라움을 가져다줍니다. 우리 자신의 행동과 반응에 놀라게 될 것입니다. 기적이 일어난 것입니다. 참된 이해는 기적적이지요.

교양 없는 사람들이 함부로 주먹을 휘두르며 만용을 부리는 것
도 문제지만, 소위 교양 있는 사람들이 폭력 앞에서 기가 죽고
이를 제지할 용기가 없는 것도 문제가 아닐 수 없습니다. 옳지
않은 것은 결단코 끊고 옳은 것은 과감히 실천할 수 있는 용기
와 지혜가 아쉽습니다.

인간만큼 추한 동물은 없습니다. 세상의 어떤 동물도 인간만큼 폭
력을 많이 휘두르지 않습니다. 인간은 자신의 능력을 남용합니다.
힘을 창조적으로 쓰기보다는 파괴적으로 씁니다. 인간은 생존에 필
요한 것 이상으로 많이 가지고 있어도 늘 공격적입니다. 만족할 줄
모르는 욕망은 영혼의 병입니다.

동물은 결코 폭력적이지 않습니다. 사자가 어떤 동물에게 달려들
어 그 몸뚱이를 찢어서 먹어 버린다면, 우리 눈에는 매우 사악하고
폭력적인 것처럼 보입니다. 그러나 사자는 어떤 나쁜 짓을 하고 있는
것이 아닙니다. 식사를 하고 있을 뿐입니다. 사자는 배가 고프지 않
으면 아무도 공격하지 않습니다.

비폭력은 안으로부터 우러나오는 것 사람들은 생명을 존중하지
않습니다. 동물을 사냥하고, 사냥이 멋진 게임이라고 생각합니다. 만
일 동물이 인간을 사냥한다면 그것은 더 이상 게임이 아닐 것입니다.
참 이상합니다. 게임이 되려면 양쪽 모두에 공평하게 기회가 주어져
야 하는 법인데, 동물에게는 어떤 무기도 없는데 인간들은 총을 들고
사냥을 나서거든요.

붓다, 예수는 비폭력을 가르칩니다. 그들이 비폭력을 가르친 건 그
들이 비폭력적으로 살았기 때문입니다. 그러나 그 추종자들은 비폭

력을 즐기지 못합니다. 오직 폭력만을 알 뿐이지요. 그들은 비폭력을 가장합니다.

그리고 자기 자신에게 비폭력을 강요하며 인격을 창조합니다. 마음속 깊은 곳은 곧 터질 듯 화산처럼 들끓고 있으면서 겉으로는 거짓 미소를 짓고 있어요. 비폭력은 밖으로부터 양성되는 것이 아니라 안으로부터 우러나오는 것입니다.

이것이 교육의 근본 의미입니다. 이것은 우물에서 물을 끌어올리는 것과 같습니다. 교육은 끌어내는 것을 뜻합니다. 하지만 교육이 무엇을 해왔습니까? 아무것도 끌어내지 못하고 있습니다. 억지로 주입만 시켜왔습니다. 어린이들의 머릿속에 줄곧 주입만 해 왔습니다.

교육은 아이의 영혼을 유도해야 합니다. 아이 속에 내재되어 있는 것을 밖으로 유도해내야 합니다. 아이의 자유가 온전하게 남겨지고 아이의 의식이 성장하도록 도와야 합니다. 많은 정보를 주입하는 대신 보다 깨어 있게 하는 것이 진정한 교육입니다. 교육은 문명을 창조하는 것입니다. 지금 우리 문명이 잘못된 것은 교육이 잘못되었기 때문입니다.

평화를 지키기 위해서는 전사가 되어야 한다. 성인 가운데서 유독 자라투스트라는 용감한 도전 정신을 강조하고, 그래서 싸움도 마다하지 않았습니다. 이것이 그가 붓다, 예수와 다른 점입니다. 붓다는 전쟁이 아니라 평화를 가르쳤습니다.

그러나 평화는 매우 미묘한 현상입니다. 사람들은 기꺼이 평화를 받아들였지만, 그것은 그들이 붓다를 이해했기 때문이 아니라 자신들의 비겁함에 훌륭한 위안이 되었기 때문입니다. 평화는 우리의 무능력을 숨기는 데 안성맞춤입니다. 그 결과 사람들은 노예 상태에 남게 되었습니다.

자라투스트라는 바로 이해되어야 합니다. 그는 우리가 폭력적이 되어야 한다고 말하는 것이 아닙니다. 살인과 파괴를 일삼아야 한다고 말하는 것이 아닙니다. 공격적이고 파괴적이 될 필요는 없지만, 항상 준비 태세를 갖추어야 한다고 말하는 것입니다. 평화를 원한다면 활과 화살을 준비해야 합니다.

자라투스트라는 살인을 해야 한다고 말하는 게 아닙니다. 최악의 경우에 적이 우리를 파괴하도록 내버려둘 수 없다는 것이지요. 그가 말하는 것은 적이 여자를 강탈하고, 재산을 파괴하고, 존엄성을 짓밟고, 우리를 노예화시키도록 내버려두어서는 안 된다는 것입니다.

우리가 진정으로 비폭력적이 되기를 원한다면 우리는 전사가 되어야 합니다. 무사도와 궁도를 알아야 합니다. 그것은 누군가를 죽이기 위한 것이 아니라 자신의 존엄성과 자유를 보호하기 위한 것입니다. 아무런 증오심도 갖지 않은 전사가 되어야 합니다. 단순히 스포츠 정신을 가진 전사가 되어야 합니다.

일단 자라투스트라를 이해하게 되면 그가 전쟁을 찬성한다고는 생각하지 않을 것입니다. 그는 폭력이나 파괴를 찬성하지 않습니다. 그러나 그는 사람들이 전사의 자질을 잃어버리는 것을 원하지 않습니다. 사람들이 겁쟁이가 되는 것을 원하지 않습니다. 그는 어떤 싸움이든 사람들이 도전을 받아들이는 데 무능력하게 되는 것을 원치 않는 것이지요.

우리는 항상 준비 태세를 갖추어야 합니다. 우리의 칼은 날카로워야 하고 지성 또한 예리하게 빛나야 합니다. 오로지 그럴 때만 평화로울 수 있습니다. 모든 사람이 지적으로 깨어 있을 때, 노예가 되기보다는 차라리 죽을 각오가 되어 있을 때만 세상은 평화를 누리게 될 것입니다.

그때의 평화는 무덤의 평화가 아니라, 새가 노래하고 꽃이 피는 푸른 정원의 평화입니다. 삶이 목적이어야 하지요. 사랑에 의해 풍요로워지는 삶, 어떠한 돌발 사태도 받아들일 각오가 되어 있는 삶, 두려움을 떨쳐버리고 위험하게 살 줄 아는 삶, 그런 삶이 우리의 목적이 되어야 하는 것이지요.

아이들은 자신이 옳다고 생각할 때도 두려움 때문에 부모에 복종하곤 합니다. 비록 어리지만 아이들도 용감하고 당당하게 살 수 있어야 하지 않습니까?

부모들은 자신이 아이들을 도와주고 있다고 생각하지만, 오히려 아이들을 파괴하고 있을 뿐입니다. 그들의 부모는 그들을 파괴했고, 지금은 그들이 또 자신의 아이들을 파괴하고 있습니다. 그리하여 불행은 계속 이어지고 점점 더 커져만 갑니다.

세상의 부모들은 모두 잠재적인 아동 학대자라고 할 수 있습니다. 아이들은 근본적으로 권위와 힘으로 양육되기 때문입니다. 부모들이 자기 자식에 대해, '이 아이는 내 자식이다. 내 자식은 내가 원하는 대로 행동해야 한다.'고 생각하는 것은 폭력적입니다.

아이들이 물건이 아니잖습니까. 아이들을 부모가 원하는 대로 움직이게 해서는 안 되지요. 아이들은 부모에게서 태어났으나 부모에게 속한 물건이 아닙니다. 부모는 아이들을 잘 돌봐 주어야 하는 사람일 뿐입니다.

모든 아이는 부모들과는 다른 방식으로 세상을 본다는 것을 이해해야 합니다. 아이의 가치는 그들과 다릅니다. 아이가 해변에서 조가비를 모으고 있으면 부모는 말합니다. "버려라. 그런 것을 무엇에 쓰려고 그러느냐?"

그런데 아이에게 그것은 너무나 아름답습니다. 아이는 그 차이를 볼 수 있습니다. 부모들은 돈을 쫓고 있고, 아이는 나비를 쫓고 있습니다. 아이는 그들이 어째서 그렇게 돈에 관심을 갖는지 알 수 없습니다. 부모들은 아이가 나비나 조가비를 가지고서 무엇을 하려고 하는지 알 수가 없습니다.

모든 아이는 자신과 부모들 사이에는 차이가 있다는 것을 알게 됩니다. 유일한 문제는, 아이가 자신의 자연스러운 삶을 관철하기를 두려워한다는 것입니다. 아이에 관한 한, 아이는 혼자 남겨져야만 합니다. 그것은 작은 용기에 관한 문제입니다.

그 용기는 또한 아이들에게서도 찾아볼 수 있는 것입니다. 그러나 사회 전체는, 심지어 아이에게서도 찾아볼 수 있는 용기와 같은 아름다운 특성들까지도 비난받는 방식으로 유지됩니다.

그래서 아이는 복종적이 되고 맙니다. 부모가 아이의 뿌리들을 자르고 있는 것이지요. 부모는 아이에게 '예'라고 말해야 할지 '아니오'라고 말해야 할지 생각할 기회를 주지 않습니다. 자신만의 결정을 내리도록 허용하고 있지 않습니다. 순종이라는 미명 하에, 자유를 빼앗고 있는 것이지요. 어린아이이므로 아무것도 모른다고 멋대로 단정하고 모든 결정은 자신들이 해야 한다고 생각합니다.

복종적인 아이는 사랑 받습니다. 그러나 그 안에는 너무나 많은 것이 내포되어 있습니다. 부모는 그를 완전히 파괴하고 있는 것입니다. 그는 나이를 먹을 것이나 연륜만큼 성장하지는 못할 것입니다. 세월만 쌓여갈 뿐 꽃도 피어나지 않을 것이며 열매도 맺지 않을 것입니다. 부모는 이렇게 한 인간을 개인으로, 참된 존재로 만드는 모든 것에 대한 기본적인 가능성을 파괴해 버립니다.

어린이의 빛나는 반항　아이들에게는 자기 자신의 운명이 있습니다. 만약 아이들이 부모의 억압에 굴복하기만 한다면 절대로 자기 자신이 되지 못합니다. 아이들에게는 에너지가 넘쳐나고 그들의 감각은 매우 날카롭습니다.

그러므로 아이들은 어른들의 부당한 간섭과 억압에 대항하여 용기 있게 맞설 수 있으며, 맞서야 합니다. 하지만 현실적으로 이는 결코 쉬운 일이 아닙니다. 더구나 말로 간단히 그 방도를 밝힐 수 있는 것은 더욱 아닙니다.

겁쟁이들은 어른들의 권위를 의식한 나머지 자신의 삶을 놓치고 맙니다. 자신의 내면에서 저절로 일어나는 것이 유일한 미덕입니다. 그러나 나약한 아이들, 겁쟁이들은 비본질적인 것을 위해 본질적인 것을 희생하지요. 실제로 있었던 한 예를 통해서 아이가 자기를 지키는 것이 어떻게 가능했는지 구체적으로 살펴보기로 합니다.

라즈니쉬의 어린 시절　다음은 라즈니쉬가 회상하는 어린 시절의 빛나는 반항의 이야기입니다.

"우리 집에서는 손님들이 오면 항상 나의 다른 형제들만 부르곤 했다. 그리고는 이 아이는 이런 일을 했고 저 아이는 저런 일을 했다는 식으로 소개했다. 그래서 나는 나 자신을 직접 소개하곤 했다. '저는 아무것도 하지 않았어요. 그렇기 때문에 부모님은 저를 여러분에게 소개하고 싶어 하지 않아요. 그래서 저는 제가 제 자신을 소개해야만 하겠다고 생각했지요.'

한번은 이런 일이 있었다. 의회의 한 의원이 우리 집을 방문하였다.

그는 아버지의 친구였다. 아버지는 모든 가족을 다 소개시켜 주고 있었다. 그런데 나는 부르지 않았다. 나는 간단히 무시당한 것이다.

　내가 들어가서 나를 그에게 소개하자 그가 말했다. '그러나 이상하구나. 아무도 너는 부르지 않았다.' 내가 말했다. '아무것도 이상하지 않아요. 이 사람들은 모두 복종적인 사람들이거든요. 나는 복종 따위는 하지 않아요. 그리고 당신은 곧 그 맛을 조금 보게 될 거예요.'

　그러자 아버지가 말했다. '그분은 그냥 내버려둬라. 왜 그분이 맛을 보아야 한단 말이냐?' 내가 말했다. '그분은 저희 학교에서 연설을 하실 거예요. 그리고 저는 말썽을 일으킬 거예요. 저는 단지 제가 질문을 할 것이며, 그분이 오직 위대한 웅변가이며 의원이라는 것 때문에 제가 영향을 받을 거라고 생각하지 마셔야 한다는 것을 미리 그분에게 알려 드리는 거예요.' 그 당시 나는 9학년에 다니고 있었다.

　아버지가 그에게 말했다. '자네는 저 아이를 조심해야 하네. 저 아이는 무언가를, 자네에게 답할 수 없는 무언가를 물을 거야. 왜냐하면 저 아이는 나에게 끊임없이 애를 먹이고 있거든. 저 아이는 자네가 대답할 수 있는 것은 어떤 것도 묻지 않을 거야. 그런데 저 아이는 답을 찾아내는 데는 귀신같다네. 저 아이는 자네가 대답할 수 없는 질문들을 해서는, 대중들이 보는 앞에서 자네를 한낱 바보로 만들 수도 있어.'

　그는 정말로 두려워져서 나에게 말했다. '나와 함께 차를 타고 가 준다면 좋겠는걸.' 단지 내가 말썽을 일으키지 않도록 나를 설득하기 위해서였다. 내가 말했다. '아무것도 도움이 되지 않을 거예요. 제가 당신과 함께 차를 타고 들어가면 그건 단순히 교장 선생님과 다른 선생님들 그리고 학교 전체에 충격만 줄 거예요. 저에게 뇌물을 줄 수 있는 방법은 없어요.'

논어의 혼 2
오랜 잠에서 깨어날 것인가

초판 1쇄 인쇄일	ㅣ 2022년 11월 7일
초판 1쇄 발행일	ㅣ 2022년 11월 15일

지은이	ㅣ 성낙희 · 김상대
펴낸이	ㅣ 한선희
편집/디자인	ㅣ 우정민 김보선
마케팅	ㅣ 정찬용 정구형
영업관리	ㅣ 한선희
책임편집	ㅣ 우정민
인쇄처	ㅣ 으뜸사
펴낸곳	ㅣ 국학자료원 새미(주)

등록일 2005 03 15 제251002005000008호
경기도 고양시 일산동구 중앙로 1261번길 79 하이베라스 405호
Tel 4424623 Fax 64993082
www.kookhak.co.kr
kookhak2001@hanmail.net

ISBN	ㅣ 979─11─6797─079─4 *03140
가격	ㅣ 19,000원